《蘇州全書》編纂出版委員會 編

·音學五書

蘇州全書

甲編

蘇州大學出版社
古吳軒出版社

圖書在版編目（C I P）數據

音學五書 /（清）顧炎武撰 . -- 蘇州 : 蘇州大學出版社 : 古吳軒出版社 , 2024.6
（蘇州全書）
ISBN 978-7-5672-4805-2

Ⅰ . ①音… Ⅱ . ①顧… Ⅲ . ①漢語—古音—音韻學
Ⅳ . ① H11

中國國家版本館 CIP 數據核字（2024）第 091342 號

責任編輯 劉 冉
裝幀設計 周 晨 李 璇
責任校對 汝碩碩

書　　名 音學五書
撰　　者 〔清〕顧炎武
出版發行 蘇州大學出版社
地址：蘇州市十梓街1號　電話：0512-67480030
古吳軒出版社
地址：蘇州市八達街118號蘇州新聞大厦30F　電話：0512-65233679
印　　刷 常州市金壇古籍印刷廠有限公司
開　　本 889 × 1194　1/16
印　　張 140.25
版　　次 2024 年 6 月第 1 版
印　　次 2024 年 6 月第 1 次印刷
書　　號 ISBN 978-7-5672-4805-2
定　　價 980.00 元（全四册）

《蘇州全書》編纂工程

總主編

劉小濤　吳慶文

學術顧問

（按姓名筆畫爲序）

王　芳　王　宏　王　堯　王　鍔　王紅蕾　王華寶　王爲松　王衛平
王餘光　王鍾陵　朱棟霖　朱誠如　任　平　全　勤　江慶柏　江澄波
汝　信　阮儀三　杜澤遜　李　捷　吳　格　吳永發　何建明　言恭達
沈坤榮　沈燮元　武秀成　范小青　范金民　茅家琦　周　秦　周少川
周國林　周勛初　周新國　胡可先　胡曉明　姜　濤　姜小青　韋　力
姚伯岳　馬亞中　袁行霈　華人德　莫礪鋒　徐　俊　徐　海　徐　雁
徐惠泉　徐興無　唐力行　陸振嶽　陸儉明　陳子善　陳正宏　陳尚君
陳紅彥　陳廣宏　黃愛平　黃顯功　崔之清　張乃格　張志清　張伯偉
張海鵬　葉繼元　葛劍雄　單霽翔　程章燦　程毅中　喬治忠　鄔書林
賀雲翱　詹福瑞　趙生群　廖可斌　熊月之　樊和平　劉　石　劉躍進
閻曉宏　錢小萍　戴　逸　韓天衡　嚴佐之　顧　薌

前言

中華文明源遠流長，文獻典籍浩如烟海。這些世代累積傳承的文獻典籍，是中華民族生生不息的文脉和根基。蘇州作爲首批國家歷史文化名城，素有『人間天堂』之美譽。自古以來，這裏的人民憑藉勤勞和才智，創造了極爲豐厚的物質財富和精神文化財富，使蘇州不僅成爲令人嚮往的『魚米之鄉』，更是實至名歸的『文獻之邦』，爲中華文明的傳承和發展作出了重要貢獻。

蘇州被稱爲『文獻之邦』由來已久，早在南宋時期，就有『吴門文獻之邦』的記載。宋代朱熹云：『文，典籍也；獻，賢也。』蘇州文獻之邦的地位，是歷代先賢積學修養、劬勤著述的結果。明人歸有光《送王汝康會試序》云：『吴爲人材淵藪，文字之盛，甲於天下。』朱希周《長洲縣重修儒學記》亦云：『吴中素稱文獻之邦，蓋子游之遺風在焉，士之嚮學，固其所也。』《江蘇藝文志·蘇州卷》收録自先秦至民國蘇州作者一萬餘人，著述達三萬二千餘種，均占江蘇全省三分之一强。古往今來，蘇州曾引來無數文人墨客駐足流連，留下了大量與蘇州相關的文獻。時至今日，蘇州仍有約百萬册的古籍留存，入選『國家珍貴古籍名録』的善本已達三百一十九種，位居全國同類城市前列。其中的蘇州鄉邦文獻，歷宋元明清，涵經史子集，寫本刻本，交相輝映。此外，散見於海内外公私藏家的蘇州文獻更是不可勝數。它們載録了數千年傳統文化的精華，也見證了蘇州曾經作爲中國文化中心城市的輝煌。

蘇州文獻之盛得益於崇文重教的社會風尚。春秋時代，常熟人言偃就北上問學，成爲孔子唯一的南方弟子。歸來之後，言偃講學授道，文開吴會，道啓東南，被後人尊爲『南方夫子』。西漢時期，蘇州人朱買臣負薪讀書，穹窿山中至今留有其『讀書臺』遺迹。兩晉六朝，以『顧陸朱張』爲代表的吳郡四姓涌現出大批文士，在不少學科領域都貢獻卓著。及至隋唐，蘇州大儒輩出，《隋書·儒林傳》十四人入傳，其中籍貫吳郡者二人；《舊唐書·儒學傳》三十四人入正傳，其中籍貫吳郡（蘇州）者五人。文風之盛可見一斑。北宋時期，范仲淹在家鄉蘇州首創州學，並延名師胡瑗等人教授生徒，此後縣學、書院、社學、義學等不斷興建，蘇州文化教育日益發展。故明人徐有貞云：『論者謂吾蘇也，郡甲天下之郡，學甲天下之學，人才甲天下之人才，偉哉！』在科舉考試方面，蘇州以鼎甲萃集爲世人矚目，清初汪琬曾自豪地將狀元稱爲蘇州的土產之一，有清一代蘇州狀元多達二十六位，占全國的近四分之一，由此而被譽爲『狀元之鄉』。近現代以來，蘇州在全國較早開辦新學，發展現代教育，涌現出顧頡剛、葉聖陶、費孝通等一批大師巨匠。中華人民共和國成立後，社會主義文化教育事業蓬勃發展，蘇州英才輩出、人文昌盛，文獻著述之富更勝於前。

蘇州文獻之盛受益於藏書文化的發達。蘇州藏書之風舉世聞名，千百年來盛行不衰，具有傳承歷史長、收藏品質高、學術貢獻大的特點，無論是卷帙浩繁的圖書還是各具特色的藏書樓，以及延綿不絕的藏書傳統，都成爲中華文化重要的組成部分。據統計，蘇州歷代藏書家的總數，高居全國城市之首。南朝時期，蘇州就出現了藏書家陸澄，藏書多達萬餘卷。明清兩代，蘇州藏書鼎盛，絳雲樓、汲古閣、傳是樓、百宋一廛、藝芸書舍、鐵琴銅劍樓、過雲樓等藏書樓譽滿海内外，彙聚了大量的珍貴文獻，對古代典籍的收藏保護厥功至偉，亦於文獻校勘、整理裨益甚巨。《舊唐書》自宋至明四百多年間已難以考覓，直至明嘉靖十七年（一五三八），聞人詮在蘇州爲官，搜討舊籍，方從吳縣王延喆家得《舊唐書》『紀』和『志』部分，從長洲張汴家得《舊唐書》『列傳』部分，『遺籍俱出宋時模板，旬月之間，二美璧合』，于是在蘇州府學中槧刊，《舊唐書》自此得以彙而成帙，復行於世。清代嘉道年間，蘇州黄丕烈和顧廣圻均爲當時藏書名家，且善校書，『黄跋顧校』在中國文獻史上影響深遠。

蘇州文獻之盛也獲益於刻書業的繁榮。蘇州是我國刻書業的發祥地之一，早在宋代，蘇州的刻書業已經發展到了相當高的水平，至今流傳的杜甫、李白、韋應物等文學大家的詩文集均以宋代蘇州官刻本爲祖本。宋元之際，蘇州磧砂延聖院還主持刊刻了中國佛教史上著名的《磧砂藏》。明清時期，蘇州成爲全國的刻書中心，所刻典籍以精善享譽四海，明人胡應麟有言：『凡刻之地有三，吴也、越也、閩也。』他認爲『其精，吴爲最』，『其直重，吴爲最』。又云：『余所見當今刻本，蘇常爲上，金陵次之，杭又次之。』清人金埴論及刻書，仍以胡氏所言三地爲主，則謂『吴門爲上，西泠次之，白門爲下』。明代私家刻書最多的汲古閣、清代坊間刻書最多的掃葉山房均爲蘇州人創辦，晚清時期頗有影響的江蘇官書局也設於蘇州。據清人朱彝尊記述，汲古閣主人毛晉『力搜秘册，經史而外，百家九流，下至傳奇小説，廣爲鏤版，由是毛氏鋟本走天下』。由於書坊衆多，蘇州還産生了書坊業的行會組織崇德公所。明清時期，蘇州刻書數量龐大，品質最優，裝幀最爲精良，爲世所公認，國内其他地區不少刊本也都冠以『姑蘇原本』，其傳播遠及海外。

蘇州傳世文獻既積澱着深厚的歷史文化底藴，又具有穿越時空的永恒魅力。從范仲淹的『先天下之憂而憂，後天下之樂而樂』，到顧炎武的『天下興亡，匹夫有責』，這種胸懷天下的家國情懷，早已成爲中華民族精神的重要組成部分，傳世留芳，激勵後人。南朝顧野王的《玉篇》，隋唐陸德明的《經典釋文》、陸淳的《春秋集傳纂例》等均以實證明辨著稱，對後世影響深遠。明清時期，馮夢龍的《喻世明言》《警世通言》《醒世恒言》，在中國文學史上掀起市民文學的熱潮，具有開創之功。吴有性的《温疫論》、葉桂的《温熱論》，開温病學研究之先河。蘇州文獻中蘊含的求真求實的嚴謹學風、勇開風氣之先的創新精神，已經成爲一種文化基因，融入了蘇州城市的血脉。不少蘇州文獻仍具有鮮明的現實意義。明代費信的《星槎勝覽》，是記載歷史上中國和海上絲綢之路相關國家交往的重要文獻。鄭若曾的《籌海圖編》和徐葆光的《中山傳信録》，爲釣魚島及其附屬島嶼屬於中國固有領土提供了有力證據。魏良輔的《南詞引正》、嚴澂的《松絃館琴譜》、計成的《園冶》，分别是崑曲、古琴及園林營造的標志性成果，這些藝術形式如今得以名列世界文化遺産，與上述名著的嘉惠滋養密不可分。

維桑與梓，必恭敬止；文獻流傳，後生之責。蘇州先賢向有重視鄉邦文獻整理保護的傳統。方志編修方面，范成大《吴郡志》爲方志創體，其後名志迭出，蘇州府縣志、鄉鎮志、山水志、寺觀志、人物志等數量龐大，構成相對完備的志書系統。地方總集方面，南宋鄭虎臣輯《吴都文粹》、明錢穀輯《吴都文粹續集》、清顧沅輯《吴郡文編》先後相繼，收羅宏富，皇皇可觀。常熟、太倉、崑山、吴江諸邑，周莊、支塘、木瀆、甪直、沙溪、平望、盛澤等鎮，均有地方總集之編。及至近現代，丁祖蔭彙輯《虞山叢刻》《虞陽説苑》，柳亞子等組織『吴江文獻保存會』，爲搜集鄉邦文獻不遺餘力。江蘇省立蘇州圖書館於一九三七年二月舉行的『吴中文獻展覽會』規模空前，展品達四千多件，並彙編出版吴中文獻叢書。然而，由於時代滄桑，圖書保藏不易，蘇州鄉邦文獻中『有目無書』者不在少數。同時，囿於多重因素，蘇州尚未開展過整體性、系統性的文獻整理編纂工作，許多文獻典籍仍處於塵封或散落狀態，没有得到應有的保護與利用，不免令人引以爲憾。

進入新時代，黨和國家大力推動中華優秀傳統文化的創造性轉化和創新性發展。習近平總書記强調，要讓收藏在博物館裏的文物、陳列在廣闊大地上的遺産、書寫在古籍裏的文字都活起來。二〇二二年四月，中共中央辦公廳、國務院辦公廳印發《關於推進新時代古籍工作的意見》，確定了新時代古籍工作的目標方向和主要任務，其中明確要求『加强傳世文獻系統性整理出版』。盛世修典，賡續文脉，蘇州文獻典籍整理編纂正逢其時。二〇二二年七月，中共蘇州市委、蘇州市人民政府作出編纂《蘇州全書》的重大決策，擬通過持續不斷努力，全面系統整理蘇州傳世典籍，着力開拓研究江南歷史文化，編纂出版大型文獻叢書，同步建設全文數據庫及共享平臺，將其打造爲彰顯蘇州優秀傳統文化精神的新陣地，傳承蘇州文明的新標識，展示蘇州形象的新窗口。

『睹喬木而思故家，考文獻而愛舊邦。』編纂出版《蘇州全書》，是蘇州前所未有的大規模文獻整理工程，是不負先賢、澤惠後世的文化盛事。希望藉此系統保存蘇州歷史記憶，讓散落在海内外的蘇州文獻得到挖掘利用，讓珍稀典籍化身千百，成爲認識和瞭解蘇州發展變遷的津梁，並使其中藴含的積極精神得到傳承弘揚。

觀照歷史，明鑒未來。我們沿着來自歷史的川流，承荷各方的期待，自應負起使命，砥礪前行，至誠奉獻，讓文化薪火代代相傳，並在守正創新中發揚光大，爲推進文化自信自强、豐富中國式現代化文化内涵貢獻蘇州力量。

《蘇州全書》編纂出版委員會

二〇二二年十二月

凡例

一、《蘇州全書》（以下簡稱『全書』）旨在全面系統收集整理和保護利用蘇州地方文獻典籍，傳播弘揚蘇州歷史文化，推動中華優秀傳統文化傳承發展。

二、全書收録文獻地域範圍依據蘇州市現有行政區劃，包含蘇州市各區及張家港市、常熟市、太倉市、崑山市。

三、全書着重收録歷代蘇州籍作者的代表性著述，同時適當收録流寓蘇州的人物著述，以及其他以蘇州爲研究對象的專門著述。

四、全書按收録文獻内容分甲、乙、丙三編。每編酌分細類，按類編排。

（一）甲編收録一九一一年及以前的著述。一九一二年至一九四九年間具有傳統裝幀形式的文獻，亦收入此編。按經、史、子、集四部分類編排。

（二）乙編收録一九一二年至二〇二一年間的著述。按哲學社會科學、自然科學、綜合三類編排。

（三）丙編收録就蘇州特定選題而研究編著的原創書籍。按專題研究、文獻輯編、書目整理三類編排。

五、全書出版形式分影印、排印兩種。甲編書籍全部采用繁體竪排；乙編影印類書籍，字體版式與原書一致；乙編排印類書籍和丙編書籍，均采用簡體横排。

六、全書影印文獻每種均撰寫提要或出版説明一篇，介紹作者生平、文獻内容、版本源流、文獻價值等情况。影印底本原有批校、題跋、印鑒等，均予保留。底本有漫漶不清或缺頁者，酌情予以配補。

七、全書所收文獻根據篇幅編排分册，篇幅適中者單獨成册，篇幅較大者分爲序號相連的若干册，篇幅較小者按類型相近原則數種合編一册。數種文獻合編一册以及一種文獻分成若干册的，頁碼均連排。各册按所在各編下屬細類及全書編目順序編排序號。

據日本國立公文書館藏清康熙間符山堂原刻本影印。

音學五書

〔清〕顧炎武　撰

提要

《音學五書》三十八卷，清顧炎武撰。

顧炎武（一六一三—一六八二），初名絳，字忠清，後改名炎武，字寧人，世稱亭林先生。明末清初崑山人。明亡後，積極參加抗清活動。其學注重經世致用，於經學、史學、小學、金石、方志、輿地等皆有深厚造詣，開啓清代樸學先河。著述甚富，有《日知録》《天下郡國利病書》《肇域志》《亭林詩文集》等。

《音學五書》包括《音論》三卷、《詩本音》十卷、《易音》三卷、《唐韻正》二十卷、《古音表》二卷。《音論》考述音學源流，爲五書總綱，論及十五個古音研究重要問題，尤以『古人韻緩不煩改字』『古詩無叶音』『古人四聲一貫』『入爲閏聲』『近代入聲之誤』等觀點影響深遠。《詩本音》考定《詩經》用韻，亦爲顧氏歸納《古音表》之重要依據，宋以來朱熹《詩集傳》『叶音説』影響至此得以扭轉。《易音》與《詩本音》體例大致相同，專門考定《易經》用韻，首次提出《易經》中存在方音現象，發前人所未發。顧氏又以考定《詩經》《易經》用韻所得古音爲『正』，以《唐韻》中不合此古音系統韻類爲『誤』，以『正』『誤』對比分析古今音之不同，著成《唐韻正》。《古音表》則是顧炎武古音研究總結，通過離析《唐韻》，並將入聲歸入陰聲韻，將古音厘分爲十部。

《音學五書》集中體現顧氏古音學思想，對清代古音學研究起到開創及引領作用。書中徹底否定『叶音説』，推動古音體系更加科學，奠定清代古音學研究基礎。並首創離析《唐韻》以求古音之方法，指明古音研究路徑。所提『入配陰聲』觀點，直接啓發後世確立古音陰入陽對轉格局，如段玉裁《六書音均表》中最重要論點『支脂之三分』，即以此爲旁證而加以闡發。《四庫全書總目》對此書評價甚高，如贊《音論》云：『全書持論精博，百餘年來，言韻學者雖愈闡愈密，或出於炎武所論之外。而發明古義，則陳第之後，炎武屹爲正宗。』

本次影印以日本國立公文書館藏清康熙間山陽張弨符山堂原刻本爲底本，原書框高二十厘米，廣十三厘米。卷末原缺顧炎武兩篇後叙，以日本國立公文書館所藏另一部符山堂原刻殘本補入，以成完璧。

亭林先生著

顧氏音學五書

一 音論　二 詩本音　三 易音

四 唐韻正　五 古音表

符山堂藏板

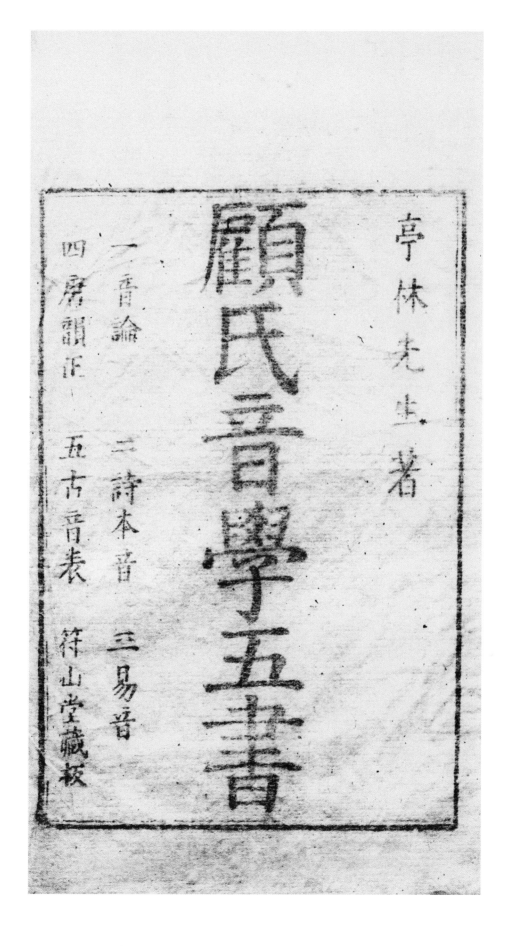

音學五書敘

記曰聲成文謂之音夫有文斯有音比音而爲詩詩成然後被之樂此皆出於天而非人之所能爲也三代之時其文皆本於六書其人皆出於族黨庠序其性皆馴化於中和而發之爲音無不協於正然而周禮大行人

之職九歲屬瞽史諭書名聽聲音所以一道德而同風俗者又不敢略也是以詩三百五篇上自商頌下逮陳靈以十五國之遠千數百年之久而其音未嘗有異帝舜之歌皋陶之賡箕子之陳文王周公之繫無弗同者故三百五篇古人之音書也魏

晉以下去古日遠辭賦日繁而後名之曰韻至宋周顒梁沈約而四聲之譜作然自秦漢之文其音已漸戾於古至東京益甚而休文作譜乃不能上據雅南旁摭騷子以成不刊之典而僅按班張以下諸人之賦曹劉以下諸人之詩所用之音撰爲定

本於是今音行而古音亡爲音學之一變下及唐時以詩賦取士其書一以陸法言切韻爲準雖有獨用同用之注而其分部未嘗改也至宋景祐之際微有更定理宗末年平水劉淵始併二百六韻爲一百七元黄公紹作韻會因之以迄於今於是宋

韻行而唐韻亾爲音學之再變世日遠而傳日訛此道之亾益二千有餘歲矣炎武潛心有年旣得廣韻之書乃始發寤于中而旁通其說於是據唐人以正宋人之失據古經以正沈氏唐人之失而三代以上之音部分秩如至賾而不可亂乃列古今

音之變而究其所以不同爲音論三卷考正三代以上之音注三百五篇爲詩本音十卷注易爲易音三卷辨沈氏分部之誤而一一以古音定之爲唐韻正二十卷綜古音爲十部爲古音表二卷自是而六經之文乃可讀其他諸子之書離合有之而

不甚遠也天之未喪斯文必有
聖人復起舉今日之音而還之
淳古者予曰吾自諸反魯然後
樂正雅頌各得其所實有望於
後之作者焉東吳顧炎武敘

顧氏音學五書敘

世言韻書本於沈休文不知六朝時作者固不一矣自孫愐集爲唐韻其書皆廢宋眞宗改爲廣韻亦仍舊貫云爾後來人各以意分合增減譌舛實多予每病之而廣韻之

書久無刻本能通其大指者尤尠焉吳門顧寧人家傳詩學天才淵悟一日出其所著詩本音示予喟然爲之歎服憯三百篇以來無能發其覆者而始遇之今已也往者吾鄉陳君季立依吳才老之書

爲毛詩古音一編焦澹園先
生以爲獨得古人之傳而一
字數音未有條理至寧人則
秩然不紊而博學旁通至當
歸一三代之元音其在是乎
百世以下豈必無后夔之教
尼父之删將有取於斯焉而

在今之學者離經辨志尤爲
切要實詩學之權輿云
崇禎癸未昜月之朔
石倉居士曹學佺書

姓氏

東吴顧炎武亭林　纂著

秉義果亭

甥　徐乾學健菴　叅閲

元文立齋

後學張　弨力臣　較訂

男　叶增
叶箕　同著

音學五書

姚氏

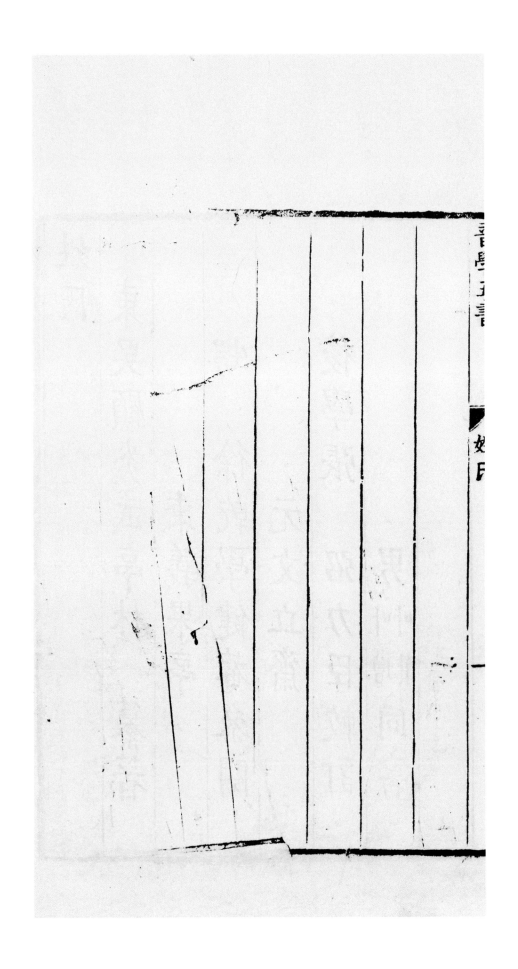

舅氏顧寧人先生年逾六十篤志五經欲作書堂於西河之介山聚天下之書藏之以貽後之學者昔李公擇於廬山五老峰下白石庵藏書九千餘卷名曰李氏山房江自任以官守之暇築閣於麻姑山購經史諸書藏之李惟寅鄧本受二道士寔共成其事此二賢者或寓諸蘭若之居或佐以黃冠之力豈若鄭公禮堂劉瓛學舍而又不爲一家之蓄俟諸三代之

英者乎伏惟

先達名公

好事君子如有前代刻板善本及抄本經史有用之書

或送之堂中或借來錄副庶傳習有資墳典不墜可

勝冀幸之至

昆山徐乾學謹啓

秉義

元文

答李子德書

三代六經之音失其傳也久矣其文之存於世者多後人所不能通以其不能通而輒以今世之音改之於是乎有改經之病始自唐明皇改尚書而後人往往效之然猶曰舊爲某今改爲某則其本文猶在也至於近日鋟本盛行而凡先秦以下之書率臆徑改不復言其舊爲某則古人之音亾而文亦亾此尤可歎者也開元十三年敕曰朕聽政之暇乙夜觀書每讀尚書洪範至無偏無頗遵王之義三復兹句常有所疑據其下文並皆協韻惟頗一字實則不倫又周

書附　一

易泰卦中无平不陂釋文云陂字亦有頗音陂之與頗訓詁無別其尚書洪範無偏無頗字宜改爲陂蓋不知古人之讀義爲我而頗之未嘗誤也易象傳鼎耳革失其義也覆公餗信如何也禮記表記仁者右也道者左也仁者人也道者義也是義之讀爲我而其見於他書者遽數之不能終也王應麟曰宣和六年詔洪範復舊文爲頗然監本猶仍其故而史記宋世家之述此書則曰毋偏毋頗呂氏春秋之引此書則曰無偏無頗其本之傳於今者則亦未嘗改也易漸上九鴻漸于陸其羽可用爲儀范諤昌改陸爲逵

朱子謂以韻讀之良是而不知古人讀儀爲俄不與遠爲韻也小過上六弗遇過之飛鳥離之朱子存其二說謂仍當作弗過遇之而不知古人讀離爲羅正與過爲韻也雜卦傳晉晝也明夷誅也孫奕改誅爲昧而不知古人讀晝爲注正與誅爲韻也楚辭天問簡狄在臺嚳何宜玄鳥致詒女何嘉後人改嘉爲喜而不知古人讀宜爲牛何反正與嘉爲韻也招魂魂兮歸來北方不可以止些增冰峨峨飛雪千里些歸來歸來不可以久些五臣文選本作不可以久止而不知古人讀久爲几正與止爲韻也老子朝甚除田

甚蕪倉甚虚服文采帶利劍厭飲食財貨有餘是謂盜夸楊慎改爲盜竽謂本之韓非子而不知古人讀夸爲刳正與除爲韻也淮南子原道訓以天爲蓋以地爲輿四時爲馬陰陽爲騶乘雲陵霄與造化者俱縱志舒節以馳大區後人改騶爲御據吴才老韻補引此作騶而不知古人讀騶爲邾正與輿爲韻也史記龜策傳雷電將之風雨迎之流水行之侯王有德乃得當之後人改迎爲送而不知古人讀迎爲昂正與將爲韻也太史公自序有灋無灋因時爲業有度無度因物與舍今漢書司馬遷傳亦正作舍而後人改爲合不知

古人讀舍爲恕，正與度爲韻也。栢梁臺詩：上林令曰「走狗逐兎張罝罘」，今本改爲罘罝，又改爲罘罳，而不知古人讀罘爲扶之反，正與時爲韻也。楊雄後將軍趙充國頌：在漢中興，充國作武，赳赳桓桓，亦紹厥後。五臣文選本改後爲緒，而不知古人讀後爲戶，正與武爲韻也。繁欽定情詩：何以結相於，金薄畫搔頭。後人改於爲投，而不知古人讀頭爲徒，正與於爲韻也。陸雲荅兄平原詩：巍巍先基，重規累構，赫赫重光，遐風激騖。今本改騖爲鶩，而不知古人讀構爲故，正與騖爲韻也。齊武帝估客樂：昔經樊鄧役，阻潮梅根冶溪懷悵往事意滿辭不敘今本改治爲渚不知宋書百官志江南有梅根及冶塘二冶而古人讀冶爲墅正與敘爲韻也隋書載梁沈約歌赤帝辭齊醍在堂笙鏞在下匪惟七百無絕終古今本改古爲始不知長無絕兮終古乃九歌之辭而古人讀下爲戶正與古爲韻也詩曰汎彼柏舟在彼中河髧彼兩髦實維我儀之死矢靡他則古人讀儀爲俄之證也易離三日昃之離不鼓缶而歌則大耋之嗟則古人讀嗟爲羅之證也張衡西京賦徼道外周千廬內附衛尉八屯巡夜警晝則古人讀晝爲注之證也詩曰君子

偕老副笄六珈委委佗佗如山如河象服是宜子之不淑云如之何則古人讀宜爲牛何反之證也又曰何其久也必有以也又曰吉甫燕喜既多受祉來歸自鎬我行永久則古人讀久爲几之證也左思吴都賦横塘查下邑屋隆夸長干延屬飛甍舛互則古人讀夸爲刳之證也漢書敘傳舞陽鼓刀滕公廄騶潁陰商販曲周庸夫攀龍附鳳竝乘天衢則古人讀騶爲邾之證也莊子不將不迎應而不藏故能勝物而不傷又曰無有所將無有所迎則古人讀迎爲昂之證也曲禮將適舍求毋固離騷余固知謇謇之爲患

兮忍而不能舍也指九天以爲正兮夫惟靈脩之故也則古人讀舍爲恕之證也秦始皇東觀刻石文甞職既定後嗣循業長承聖治羣臣嘉德祗誦聖烈請刻之罘則古人讀罘爲扶之反之證也詩曰予曰有疏附予曰有先後予曰有奔奏予曰有禦侮則古人讀後爲戶之證也史記龜策傳今寡人夢見一丈夫延頸而長頭衣玄繡之衣而乘輜車則古人讀頭爲徒之證也荀子肉腐出蟲魚枯生蠹怠慢忘身禍災乃作彊自取柱柔自取東邪穢在身怨之所構作東竝太聲則古人讀構爲故之證也馬融廣成頌然後

綏節舒容裴回安步降集波籞川衡澤虞矢魚陳罟兹飛宿沙田開古冶翬終葵揚關斧刊重冰撥蟄戶測潛鱗踵介旅則古人讀冶爲墅之證也詩曰于以奠之宗室牖下誰其尸之有齊季女則古人讀下爲戶之證也凡若此者遽數之不能終也其爲古人之本音而非叶韻則陳第已辨之矣若夫近日之鋟本又有甚焉阮瑀七哀詩冥冥九泉室漫漫長夜臺身盡氣力索精魂靡所能今本改能爲迴不知廣韻十六咍部元有能字姚寬證之以後漢書黃琬傳欲得不能光祿茂才以爲不必是鼈矣張說隴右節度大

使郭知運神道碑銘河曲迴兵臨洮舊防手握金節魂沈玉帳千里送喪三軍悽愴唐文粹本改防爲阯以叶上文喜祉諸字不知廣韻四十一漾部元有防字而峻岨塍埒長城谿險吞若亘防已見於左思之蜀都賦矣盧照鄰奉使益州詩峻岨埒長城高標吞亘防正用蜀都賦語今本盧詩改防爲阯李白日夕山中有懷詩久臥名山雲遂爲名山客山深雲更好賞弄終日夕月銜樓間峰泉漱階下石素心自此得眞趣非外僭今本改僭爲僭不知廣韻二十二朁部元有僭字而傷美物之遂化怨浮齡之如僭已見於謝靈運之山居賦矣凡若此者亦遽數之

不能終也其詳竝見唐韻正本字下嗟夫學者讀聖人之經與古人之作而不能通其音不知今人之音不同乎古也而改古人之文以就之可不謂之大惑乎昔者漢熹平四年議郎蔡邕奏求正定五經文字乃自書丹於碑使工鐫刻立於太學門外後儒晚學咸取正焉魏正始中又立古文篆隸三字石經自是以來古文之經不絕於代傳寫之不同於古者猶有所疑而考焉天寶初詔集賢學士衞包改爲今文而古文之傳遂泯此經之一變也漢人之於經如先後鄭之釋三禮或改其音而未嘗變其字子貢問樂一章錯簡明白

而仍其本文不敢移也註之於下而已所以然者述古而不自專古人之師傳固若是也及朱子之正大學繫辭經以其所自定者爲本文而以錯簡之說註於其下已大破拘攣之習後人效之周禮五官互相更易彼此紛紜召南小雅且欲移其篇第此經之又一變也聞之先人自嘉靖以前書之鋟本雖不精工而其所不能通之處註之曰疑今之鋟本加精而疑者不復註且徑改之矣以甚精之刻而行其徑改之文無怪乎舊本之日微而新說之愈鑿也故愚以爲讀九經自考文始考文自知音始以至諸子百家之

書亦莫不然不揣寡昧僭爲唐韻正一書而於詩易二經各爲之音曰詩本音曰易音以其經也故列於唐韻正之前而學者讀之則必先唐韻正而次及詩易二書明乎其所以變而後三百五篇與卦爻彖象之文可讀也其書之條理最爲精密竊計後之人必有患其不便於尋討而更竄併入之者而不得不豫爲之說以告也夫子有言齊一變至於魯魯一變至於道今之廣韻固宋時人所謂菟園之冊家傳而户習者也自劉淵韻行而此書幾於不存今使學者睹是書而曰自齊梁以來周顒沈約諸人相傳之韻固

如是也則俗韻不攻而自絀所謂一變而至魯也又從是而進之五經三代之書而知秦漢以下至於齊梁歷代遷流之失而三百五篇之詩可弦而歌之矣所謂一變而至道也故吾之書一循廣韻之次第而不敢輒叓亦猶古人之意且使下學者易得其門而入非託之足下其誰傳之今鈔一帙附往而考古之後日知所㠯不能無所增益則此之書猶未得爲完本也

音學五書目録

四聲之始
古人四聲一貫
入爲閏聲
近代入聲之誤
音論卷下
六書轉注之解
先儒兩聲各義之説不盡然
反切之始

音學五書　目録

唐韻正卷之十四

入聲一屋二沃

唐韻正卷之十五

入聲三燭四覺

唐韻正卷之十六

入聲五質至十二曷

唐韻正卷之十七

入聲十三末至十七薛

音論卷上

古曰音今曰韻

詩序曰情發於聲聲成文謂之音箋云聲謂宮商角徵羽也聲成文者宮商上下相應按此所謂音卽今之所謂韻也然而古人不言韻

梁劉勰文心雕龍曰異音相從

謂之和同聲相應謂之韻元周伯琦六書正譌曰單出爲聲成文爲音音和爲韻

唐書楊收傳曰夫旋宮以七聲爲均均言韻也古無韻字猶言一韻聲也說文韻字註裴光遠曰古與均同按晉書律歷志云凡音聲之體務在和韻益則加倍損則減半和韻卽和均也宋書律志云後漢至魏尺度漸長於古四分有餘杜夔依爲律呂故致失韻失韻卽失均也楊愼曰李善註傅毅舞賦繁欽與魏文帝牋竝引樂汁圖徵曰聖人往承天以立五均均者六律調五聲之均也鶡冠子曰五聲不

同均然其可喜一也晉灼子虛賦註曰文章假借可以叶均今考自漢魏以上之書並無言韻者知此字必起於晉宋以下也晉陸機文賦曰收百世之闕文采千載之遺韻文人言韻始見於此三代以上言文不言字李斯程邈出文降而爲字矣二漢以上言音不言韻周顒沈約出音降而爲韻矣

韻書之始

宋王應麟曰隋陸法言爲切韻五卷後有郭知玄等九人增加按切韻隋陸法言撰本儀同三司劉臻外史顔之推著作郎魏淵武陽太守盧思道散騎常侍李若國子博士蕭該蜀王諮議參軍辛德源吏部侍郎薛道衡八人同撰集唐長孫訥言箋注郭知玄拾遺緒正更以朱箋三百字是十八人今云九人者長孫訥言但箋注而未增加也後又有關亮薛峋王仁煦祝尚丘孫愐嚴寶文裴務齊陳道固八人並增加字唐孫愐有唐韻今之廣韻則本朝景德祥符中重修今人以三書爲

一或謂廣韻爲唐韻非也李燾曰隋陸法言撰唐郭知玄附益之者時號切韻天寶末陳州司馬孫愐以切韻爲謬略復加刊正別爲唐韻之名大中祥符元年改賜新名曰廣韻據此廣韻卽唐韻但改其名耳玉海曰景德四年十一月戊寅崇文院上校定切韻五卷依九經

例頒行本陸法言撰大中祥符元年六月五日改爲大宋重修廣韻集韻韻例云令陳彭年丘雍因法言韻就爲刊益三年五月庚子賜輔臣人一部宋史藝文志陳彭年等重修廣韻五卷今切韻唐韻二書元本無傳所傳者廣韻五卷不著重修人姓名而冠以孫愐唐韻之序其書雖出於宋時

而唐人二百六韻之部分具在又宋時人著書多引廣韻如蔡沈書傳史炤通鑑釋文之類陸游云南渡初因討論御名禮部申省言未尋得廣韻則知書之見存於今者惟廣韻最古今取以爲據云

學者皆言韻書本於沈約隋書藝文志有沈約四聲一卷今不

但約書亾而唐人之書亦亾宋許觀東齋記事曰自孫愐集爲唐韻諸書遂廢然自隋至宋初用韻不異是知廣韻一書固唐之遺而唐人所承則約之譜也又按前此則魏有左校令李登晉有安復令呂靜齊有中書郎周顒魏書江式傳言呂忱弟靜放故左校令李登聲類之法作韻集

五卷宮商龣徵羽各爲一篇文字與兄便是魯衞音讀楚夏時有不同（後魏崔光依宮商角徵羽本音爲五韻詩以贈李彪）高氏小史云齊中書郎周顒字彥倫始作四聲切韻行於時隋志舊唐志亦載聲類等凡十餘家隋潘徽爲秦王俊作韻纂序曰三蒼急就之流微存章句說文字林之

屬唯別體形至於尋聲推韻良爲疑混末有李登聲類呂靜韻集始判清濁纔分宮羽又知約之前已有此書約特總而譜之或小有更定耳而謂自約始者亦流俗人之見也猶今之律文其初本於魏李悝之灋經六篇蕭何定漢律益爲九篇後稍增至六十篇歷代更修以至於今而李悝之經不可得見矣

唐初顏元孫干祿字書其列平

聲覃談在陽之前蒸登在鹽之後上去二聲倣此則知當時韻譜次序或有不同

唐宋韻譜異同

廣韻上平聲

一東獨用　二冬鍾同用

三鍾　四江獨用

五支脂之同用　六脂

七之

八微獨用

九魚獨用

十虞模同用

十一模

十二齊獨用

十三佳皆同用

十四皆

十五灰咍同用

十六咍

十七真諄臻同用

十八諄

十九臻

二十文獨用

二十一殷獨用

二十二元魂痕同用

二十三魂
二十四痕
二十五寒　桓同用
二十六桓
二十七刪　山同用
二十八山
下平聲
一先　仙同用
二仙
三蕭　宵同用
四宵
五肴　獨用
六豪　獨用
七歌　戈同用
八戈

九麻獨用　十陽唐同用

十一唐　十二庚耕清同用

十三耕　十四清

十五青獨用　十六蒸登同用

十七登　十八尤侯幽同用

十九侯　二十幽

二十一侵獨用　二十二覃談同用

二十三談　二十四鹽添同用

二十五添　二十六咸銜同用

二十七銜　二十八嚴凡同用

二十九凡

上聲

一董獨用　二腫獨用

三講獨用　四紙旨止同用

五旨　六止

七尾獨用　八語獨用

九麌姥同用　十姥

十一薺獨用　十二蟹駭同用

十三駭　十四賄海同用

十五海　十六軫準同用

十七準　十八吻獨用

十九隱獨用　二十阮混很同用

二十一混　二十二很

二十三旱緩同用　二十四緩

二十五潸 產同用　二十六產
二十七銑 獮同用　二十八獮
二十九篠 小同用　三十小
三十一巧 獨用　三十二晧 獨用
三十三哿 果同用　三十四果
三十五馬 獨用　三十六養 蕩同用
三十七蕩　三十八梗 耿靜同用
三十九耿　四十靜

四十一迥獨用

四十二拯等同用

四十三等

四十四有厚黝同用

四十五厚

四十六黝

四十七寑獨用

四十八感敢同用

四十九敢

五十琰忝儼同用

五十一忝

五十二儼

五十三豏檻范同用

五十四檻

五十五范

去聲

一送獨用　二宋用同用

三用　四絳獨用

五寘至志同用　六至

七志　八未獨用

九御獨用　十遇暮同用

十一暮　十二霽祭同用

十三祭　十四泰獨用

十五卦怪夬同用　十六怪

十七夬　十八隊代同用

十九代　二十廢獨用

二十一震稕同用　二十二稕

二十三問獨用　二十四焮獨用

二十五願慁恨同用　二十六慁

二十七恨　二十八翰換同用

二十九換　三十諫襇同用

三十一襉　三十二霰 線同用
三十三線　三十四嘯 笑同用
三十五笑　三十六效 獨用
三十七号 獨用　三十八箇 過同用
三十九過　四十禡 獨用
四十一漾 宕同用　四十二宕
四十三映 諍勁同用　四十四諍
四十五勁　四十六徑 獨用

四十七證（嶝同用）
四十八嶝
四十九宥（候幼同用）
五十候
五十一幼
五十二沁（獨用）
五十三勘（闞同用）
五十四闞
五十五豔（㮇釅同用）
五十六㮇
五十七釅
五十八陷（鑑梵同用）
五十九鑑
六十梵

入聲

一屋獨用　二沃燭同用
三燭　四覺獨用
五質術櫛同用　六術
七櫛　八物獨用
九迄獨用　十月沒同用
十一沒　十二曷末同用
十三末　十四黠鎋同用
十五鎋　十六屑薛同用

十七薛　十八藥鐸同用

十九鐸　二十陌麥昔同用

二十一麥　二十二昔

二十三錫獨用　二十四職德同用

二十五德　二十六緝獨用

二十七合盍同用　二十八盍

二十九葉怗同用　三十怗

三十一洽狎同用　三十二狎

三十三業乏同用　三十四乏以上平聲五十七韻上聲五十五韻去聲六十韻入聲三十四韻此唐與宋初人遵用之書周必大所謂舊韻詳見下條意所謂一東二冬、三鍾者乃隋唐以前相傳之譜本於沈氏之作而小字注云獨用同用則唐人之功令也（唐人謂之官韻李肇國史補宋濟老於文場嘗試賦誤失官韻）書凡五卷平聲以字多分上下二卷又按宋魏了翁曰唐韻於二十八刪二十九山之後繼以三十先三十一仙（今廣韻二十七刪二十八山未知鶴山所見唐韻於何處多添一韻）今平聲分上下以一先二仙爲下平之首不知先字葢自眞字而來（又周公謹雲烟過眼錄云吳彩鸞書切韻

一本其書一先二仙爲廿三先廿四仙據此似唐人無上下平之分或雖分上下而不別起一二之序然皆不可知矣韻會舉要卷之一注云平聲本無上下之分舊韻但以字繁釐爲二卷宋景祐間丁翰林奉詔與司馬文正公諸儒作集韻始以平聲上平聲下爲卷目今考廣韻已分上平聲下平聲不始於丁翰林也其曰平聲上平聲下不過以卷帙繁重而分之猶孟子梁惠王上梁惠王下漢書五行志

上之上上五行志上之中五行志上之下也皆以上平爲宮下平爲商竊恐未然玉海引徐景安樂書凡宮爲上平商爲下平角爲入徵爲上羽爲去至以上平始東終山取日生於東沒於山下平始先終凡取先輩傳與後輩者尤穿鑿可笑五音集韻又分自眞至麻爲中平」

廣韻三鍾部中恭字下註曰

陸以恭蜙樅等入冬韻非也蓋謂陸法言切韻若此則孫之與陸頗有不同而冬之與鍾又必不可以相雜乃今人則全不知之矣二冬三鍾在平聲爲二韻在上聲則併爲一韻以字少故也廣韻二腫部湩字下註曰此是冬字上聲

禮部韻略上平聲

一東獨用　二冬與鍾通

三鍾　四江獨用

五支與脂之通　六脂

七之　八微獨用

九魚獨用　十虞與模通

十一模　十二齊獨用

十三佳與皆通　十四皆

十五灰與咍通　十六咍

十七眞與諄臻通　十八諄

十九臻　二十文與欣通

二十一欣　二十二元與魂痕通

二十三魂　二十四痕

二十五寒與歡通　二十六歡

二十七删與山通　二十八山

下平聲

一先與僊通　二僊

三蕭與宵通　四宵

五爻獨用　六豪獨用

七歌與戈通　八戈

九麻獨用　十陽與唐通

十一唐　十二庚與耕清通

十三耕　十四清

十五青獨用　十六蒸與登通

十七登　十八尤與侯幽通

十九侯　二十幽

二十一侵 獨用

二十二覃 與談通

二十三談

二十四鹽 與添嚴通

二十五添

二十六嚴

二十七咸 與銜凡通

二十八銜

二十九凡

上聲

一董 獨用

二腫 獨用

三講 獨用

四紙 與旨止通

五旨　六止

七尾獨用　八語獨用

九麌與姥通　十姥

十一薺獨用　十二蟹與駭通

十三駭　十四賄與海通

十五海　十六軫與準通

十七準　十八吻與隱通

十九隱　二十阮與混很通

二十一混　二十二狠

二十三旱與緩通　二十四緩

二十五潸與產通　二十六產

二十七銑與獮通　二十八獮

二十九篠與小通　三十小

三十一巧獨用　三十二晧獨用

三十三哿與果通　三十四果

三十五馬獨用　三十六養與蕩通

三十七蕩　三十八梗與耿靜通

三十九耿　四十靜

四十一迥獨用　四十二拯與等通

四十三等　四十四有與厚黝通

四十五厚　四十六黝

四十七寑獨用　四十八感與敢通

四十九敢　五十琰與忝广通

五十一忝　五十二广

五十三鹻與檻范通　五十四檻

五十五范

去聲

一送獨用　二宋與用通

三用　四絳獨用

五寘與至志通　六至

七志　八未獨用

九御獨用　十遇與暮通

十一暮　十二霽（與祭通）

十三祭　十四泰（獨用）

十五卦（與怪夬通）　十六怪

十七夬　十八隊（與代廢通）

十九代　二十廢

二十一震（與稕通）　二十二稕

二十三問（與焮通）　二十四焮

二十五願（與慁恨通）　二十六慁

二十七恨 二十八翰與換通
二十九換 三十諫與襇通
三十一襇 三十二霰與線通
三十三線 三十四嘯與笑通
三十五笑 三十六效獨用
三十七號獨用 三十八箇與過通
三十九過 四十禡獨用
四十一漾與宕通 四十二宕

四十三敬與諍勁通　四十四諍

四十五勁　四十六徑獨用

四十七證與嶝通　四十八嶝

四十九宥與候幼通　五十候

五十一幼　五十二沁獨用

五十三勘與闞通　五十四闞

五十五豔與㮇釅通　五十六㮇

五十七釅　五十八陷與鑑梵通

五十九鑑　六十梵

入聲

一屋獨用　二沃與燭通

三燭　四覺獨用

五質與術櫛通　六術

七櫛　八勿與迄通

九迄　十月與沒通

十一沒　十二曷與末通

十三末　十四黠與搳通

十五轄　十六屑與薛通

十七薛　十八藥與鐸通

十九鐸　二十陌與麥昔通

二十一麥　二十二昔

二十三錫獨用　二十四職與德通

二十五德　二十六緝獨用

二十七合與盍通　二十八盍

二十九葉與帖業通　三十帖

三十一業　三十二洽與狎乏通

三十三狎　三十四乏

以上平聲五十七韻上聲五

十五韻去聲六十韻入聲三

十四韻此書始自宋景祐四

年宋史藝文志有景祐禮部韻略五卷淳熙監本禮部韻略五卷而今所傳

者則衢州免解進士毛晃增

註于紹興三十二年十二月表進近於六合湯聖弘濩處得宋刻本其卷端有云男進士居正校勘重增而光宗諱及寧宗御名並已迴避則此乃寧宗以後刻也與廣韻頗有不同廣韻上平聲二十一殷改爲二十一欣二十六桓改爲二十六歡殷字避宣祖諱桓字避欽宗諱二十一欣部仍出殷字必是已祧不諱在高宗祔廟之後而居正所重增也宋史紹興三十二年正月禮部太常寺言欽宗祔廟翼祖當遷以後翼祖皇帝諱依禮不諱詔恭依今按翼祖諱

敬韻中四十三
韻不詳

廣韻二十文獨用二十一殷
獨用今二十文與欣通　宋許觀東齋記事云
景祐四年詔國子監以翰林學士丁度所修禮部韻略頒
行其韻窄者凡十三處許令附近通用玉海亦云景祐中
直講賈昌朝請修禮部韻略其窄韻凡十有三聽學者通
用之　按唐時二十一殷雖云獨用而字少韻窄無獨用
成篇者往往於眞韻中間一用之如杜甫崔氏東山艸堂
詩用芹字獨孤及送韋明府荅李滁州二詩用勤字是也
然絕無通文者而二十文獨用則又絕無通殷者合爲一
韻始自景祐去聲問焮亦然惟上聲吻隱廣韻目錄註有
同用字說
見下條

廣韻二十三魂改爲二十三䰟以魂字爲第二字

廣韻下平聲二仙改爲二僊以仙字爲第二字

廣韻五肴改爲五爻

廣韻二十四鹽二十五添同用二十六咸二十七銜同用

二十八嚴二十九凡同用今

升嚴爲二十六與鹽添同用降咸爲二十七銜爲二十八與凡同用廣韻以六韻通爲三韻今通爲兩韻按唐人以鹽添爲一韻咸銜爲一韻嚴凡爲一韻而元稹遊崔侍御之嶺南二十韻用咸部十一字銜部八字雜入鹽部一字白居易奉和汴州令狐相公二十二韻用鹽部十三字添部三字雜入咸部一字銜部三字嚴部一字凡部一字不如來飲酒一首用鹽添銜嚴部各一字蓋緣韻窄不免旁借卽宋人改併之權輿也

廣韻上聲十八吻獨用十九

隱獨用今本目録十八吻下註云隱同用其卷中十八吻十九隱又各自爲部不相通屬而其下各註云獨用友人富平李子德因篤以爲目録誤又考唐人如李白寄韋六孫逖登會稽山杜甫贈鄭十八賁詩皆以隱韻字同軫準用其不與吻同明矣今十八吻與隱通

廣韻五十二儼改爲五十二广

廣韻去聲三十七号改爲三十七號廣韻三十七号本是号字註云亦作號而其次乃列號字今削去号字改爲三十七

號而注於其下
曰亦作号

廣韻二十三問獨用二十四焮獨用今二十三問與焮通

廣韻四十三映改爲四十三敬

廣韻入聲八物改爲八勿

廣韻八物獨用九迄獨用今八勿與迄通

廣韻十五鎋改爲十五轄以鎋字爲第二字

廣韻三十怗改爲三十帖

廣韻二十九葉三十怗同用

三十一洽三十二狎同用三

十三業三十四乏同用今升

業爲三十一與葉帖同用降

洽爲三十二狎爲三十三與

乏同用廣韻以六韻通爲三韻今通爲兩韻宋周必大跋蕭御史殿試卷曰廣韻入聲三十一洽三十二狎通用三十三業三十四乏通用自唐迄本朝天禧中皆然此舊韻也仁廟初詔丁度等撰定集韻於是移業爲第三十一洽爲第三十二而以狎乏附之此今韻也廣韻中字亦間有移易如下平聲謀矛等字元在十八尤今改入十九侯彪滮等字元在二十幽今改入十八尤未知何故

廣韻元收二萬六千一百九十四字玉海曰大宋重修廣韻凡二萬六千一百九十四言注一十九萬一千六百九十二字禮部韻略止九千五百九

十字申明續降一百八十三字據黃公紹韻會舉要凡例毛晃增二千六百五十五字晃表自云　按廣韻如上平聲一東部三百五十七字今止二百四字二冬部六十六字今止二十五字三鍾部二百三十五字今止一百一十三字又如上平聲二十六歡部内避欽宗諱胡官切二十九字俱不收下平聲十陽部内避太祖諱去王切一十三字俱不收去聲五十候部内避高宗諱古候切二十字俱不收其它聖祖名廟諱舊諱御名不收者並同此例

按宋自景祐以後凡爲詞賦者一以禮部韻略爲準後人

因之不知此書止爲科舉之用其曰略者不備之稱也山堂考索咸平三年七月丙子禮部言進士入試除官韻略外不得懷挾書策以此而廢前人之全書豈不謬乎宋岳珂桯史載胡給事新貢院歲庚子大比賦題出舜聞若決江河而以聞善而行沛然莫禦爲韻晡後忽有老儒摘禮部韻示諸生謂沛字惟十四泰有之一爲顛沛一爲沛邑註無沛決之義惟霈字从雨爲可疑鬨然扣簾請今廣韻十四泰部霈下即有沛字註曰流貌亦滂沛又水名可見禮部韻略爲不備之書也

又按宋時有集韻一書玉海

曰景祐元年四月丁巳詔直史館宋祁鄭戩國子直講王洙刊修廣韻韻略宋史藝文志陳彭年等重修廣韻五卷景德韻略一卷丘雍校定韻略五卷命知制誥丁度李淑詳定寶元二年九月書成十一日進呈凡五萬三千五百二十五字新增二萬七千三百三十一字分十卷詔名

曰集韻李燾五音韻補序曰
景祐初宋祁鄭戩建言見行
廣韻乃陳彭年丘雍等修繁
省失當有誤科試乞別刊定
卽詔祁戩與賈昌朝同修而
丁度李淑典領之書成賜名
集韻又曰切韻廣韻皆莫如
集韻詳故司馬炎因之以修

類篇是則宋時韻學元有詳略二書今集韻不存而後人所祖述者皆本之韻略耳廣韻之中或一字而各韻至三收四收五收又或一字而本韻中至兩收三收或各義或同義蓋古人之音必有所本如漢書則服虔一音應劭

一音如湆一音孟康一音晉灼一音莊子則簡文一音司馬彪一音李軌一音徐邈一音作韻之人竝收而存之書不惟以給作詩之用蓋所以綜異聞備多識而不專於一師之學也漢書文帝紀阽於死亾下註服虔曰阽音反坫之坫孟康曰阽音屋檐之檐師古曰服孟二音竝通陳餘傳泜水下註蘇林曰泜音祗晉灼曰問其方人音柢師古曰蘇晉二說皆是也蘇音

祇敬之祇音執夷反古音如是晉音根柢之柢音丁計反今其土俗呼水則然於今千載之下而得以推明秦漢以上之音者不爲無助自宋禮部韻略專爲科舉之用病其繁複一切刪而倂之如牝字刪五旨倂十六軫而老子淮南子家語太玄經皆不可讀矣等字刪十五海倂四十三

等而管子韓非子賈誼新書皆不可讀矣並詳唐韻王本字下晉人並收之苦心沒而不見後之學者面牆之立既罕淹通膠柱之調復多拘閡故宋韻出而古音乃全亾矣欲審古音必從唐韻始愚所以列唐宋異同之辨於書之首卷歟

黄公紹韻會舉要平聲上

一東獨用　二冬與鍾通

三江獨用　四支與脂之通

五微獨用　六魚獨用

七虞與模通　八齊獨用

九佳與皆通　十灰與咍通

十一眞與諄臻通　十二文與欣通

十三元與魂痕通　十四寒與桓通

十五刪與山通

平聲下

一先與僊通　二蕭與宵通

三肴獨用　四豪獨用

五歌與戈通　六麻獨用

七陽與唐通　八庚與耕清通

九青獨用　十蒸與登通

十一尤與侯幽通　十二侵獨用

十三覃與談通　十四鹽與添嚴通

十五咸與銜凡通

上聲

一董獨用　二腫獨用

三講獨用　四紙與旨止通

五尾獨用　六語獨用

七麌與姥通　八薺獨用

九蟹與駭通　十賄與海通

十一軫與準通　十二吻與隱通

十三阮與混很通　十四旱與緩通

十五潸與產通　十六銑與獮通

十七篠與小通　十八巧獨用

十九晧獨用　二十哿與果通

二十一馬獨用　二十二養與蕩通

二十三梗與耿靜通　二十四迥獨用

二十五拯與等通　二十六有與厚黝通

二十七寢 獨用　二十八感 與敢通

二十九琰 與忝儼通　三十豏 與檻范通

去聲

一送 獨用　二宋 與用通

三絳 獨用　四寘 與至志通

五未 獨用　六御 獨用

七遇 與暮通　八霽 與祭通

九泰 獨用　十卦 與怪夬通

十一隊與代廢通　十二震與稕通

十三問與焮通　十四願與慁恨通

十五翰與換通　十六諫與襇通

十七霰與綫通　十八嘯與笑通

十九效獨用　二十號獨用

二十一箇與過通　二十二禡獨用

二十三漾與宕通　二十四敬與諍勁通

二十五徑與證嶝通　二十六宥與候幼通

二十七沁 獨用　二十八勘 與闞通

二十九豔 與㮇釅通　三十陷 與鑑梵通

入聲

一屋 獨用　二沃 與燭通

三覺 獨用　四質 與術櫛通

五物 與迄通　六月 與沒通

七曷 與末通　八黠 與轄通

九屑 與薛通　十藥 與鐸通

十一陌與麥昔通　十二錫獨用

十三職與德通　十四緝獨用

十五合與盍通　十六葉與帖業通

十七洽與狎乏通

以上平聲三十韻上聲三十

韻去聲三十韻入聲一十七

韻乃元初黄公紹所纂其目

録云依平水劉氏王子新刊

禮部韻略併通用之韻爲一百七韻劉氏名淵壬子是宋理宗淳祐十二年自元至今詞人相承用之按唐韻分部雖二百有六然多注同用宋景祐又稍廣之未敢擅改昝人相傳之譜至平水劉氏師心變古一切改併其以證嶝併入徑韻則又

景祐之所未許毛居正之所不議而考之於古無一合焉者也毛居正議併東冬等韻乃其書所列四十六徑部三十六字四十七證部二十六字四十八嶝部二十四字未嘗議併公紹元人此書劉辰翁序稱壬辰十月望日壬辰是元世祖至元二十九年書中亦往往引用蒙古韻乃獨從劉氏所併而次之爲書後代詞人因仍莫覺夫學唐詩而用宋韻又宋末年劉氏一人之韻豈

不甚謬而三四百年無能辨其失者又可與言三代秦漢之文乎

一東韻以公字爲首依三十六字母次序始於宋吳棫韻補此書從之凡舊文一切更置

音論卷上終

音論卷中

古人韻緩不煩改字

宋陳振孫書録解題曰古今世殊南北俗異言語聲音有不得盡合者古之爲詩學者多以風誦不專在竹帛竹帛所傳不過文字而聲音不可得而傳也又漢以前未有反切之學許氏說

文鄭氏箋註但曰讀若某而已其於後世四聲七音又豈能盡合哉反切之學自西域入中國至齊梁盛行然後聲病之說詳焉韻書肇於陸法言於是今音同韻異若東冬鍾魚虞模庚耕清青蒸登之部斷斷乎不可以相雜若此者豈惟古書未之有

漢魏以前亦未之有也陸德明於燕燕詩以南韻心有讀南作泥心切者陸以爲古人韻緩不煩改字此誠名言今之讀古書者但當隨其聲而讀之若家之爲姑慶之爲羌馬之爲姥聲韻全別不容不改苟其聲相近可讀則何必改字如燔字必欲作

符沿反宮字必欲作倶員反天
字必欲作鐵因反之類則贅矣
楊愼曰宋吳才老叶音以棘心
夭夭母氏劬勞勞叶音僚我思
肥泉兹之永歎歎叶他涓反出
自北門憂心殷殷門叶眉貧反
四牡有驕朱幩鑣鑣驕叶音高
今按勞之與夭歎之與泉門之

與殷驕之與鑣本自相合才老
必欲改之者以勞在豪韻夭在
宵韻故改勞爲僚以就夭也泉
在仙韻歎在寒韻故改歎爲他
涓反以就泉也門驕二音之改
意亦如此才老詩中所叶如揚
且之顔爲魚堅反鶉之奔奔爲
逋民反凡百餘字皆改古音以

就沈約之韻也不思古韻寬緩
如字讀自可協何用勞脣吻費
簡冊哉況四聲之分在齊梁間
成周之世豈知有沈約韻哉予
嘗慨近世俗儒信今疑古春秋
三傳之祖也反以三傳疑春秋
孟子班爵祿章王制之祖也反
以漢人王制劉歆周禮而疑之

謂孟子此章不與相合詩楚辭
音韻之祖也反以沈約韻而改
詩楚辭古音以合之其亦繆矣
愚按古音止有十部一東冬鍾
江二脂之微齊佳皆灰咍三魚
虞模侯四眞諄臻文殷元魂痕
寒桓刪山先仙五蕭宵肴豪幽
六歌戈七陽唐八耕清青九蒸

登十侵覃談鹽添咸銜嚴凡宋齊以下作韻書者於此十大部固不必分而分其支韻字半入脂之半入歌戈麻韻字半入歌戈半入魚虞庚韻字半入陽唐半；入耕清尤韻字半入脂之半入蕭宵宋齊以下作韻書者於此四小部又不當合而合上去

二聲倣此入聲之中別多舛錯今隨條正之

古詩無叶音

宋徐蕆序吳才老韻補曰自補音之書成然後三百篇始得爲詩從而考古箴銘誦歌謠諺之類莫不字順音叶而腐儒之言曰補音所據多出於詩後始後

人因詩以爲韻不當以是韻詩也殊不知音韻之正本諸字之諧聲有不可易者如霾爲亾皆切而當爲陵之切者因其以貍得聲之皆二韻本通不必改爲貍音浼爲毎罪切而當爲美辨切者因其以免得聲有爲云九切而賄痏洧鮪皆以有得聲則當爲羽軌切矣今按當爲羽鬼切皮

爲蒲麋切而波坡頗跛皆以皮得聲則當爲蒲禾切矣又如服之爲房六切其見於詩者凡十有七皆當爲蒲北切而無與房六叶者友之爲云九切其見於詩者凡十皆當爲羽軌切（今按亦當爲羽鬼切）而無與云九叶者以是類推之雖無以他書爲證可也腐儒尚

安用譊譊焉

元戴侗六書故曰經傳行皆戶郎切未嘗有協生韻者慶皆去羊切未嘗有協敬韻者如野之上與切下之後五切皆古正音非叶韻也

陳第字季立毛詩古音攷序曰夫詩以聲教也取其可歌可詠可長

言嗟歎至於手舞足蹈而不自知以感動其興觀羣怨事父事君之心且將從容以由繹夫鳥獸草木之名義斯其所以爲詩也若其意溁長而於韻不諧則文而已矣故士人篇章必有音節田野俚曲亦各諧聲豈以古人之詩而獨無韻乎蓋時有古

今地有南北字有更革音有轉移亦埶所必至故以今之音讀古之作不免乖剌而不合於是悉委之叶夫其果出於叶也作之非一人采之非一國何以母必讀米非韻杞韻止則韻祉韻喜矣馬必讀姥非韻組韻黼則韻旅韻土矣京必讀疆非韻堂

韻將則韻常韻王矣福必讀偪（按福字方墨反非偪也）非韻倉韻翼則韻德韻億矣厥類實繁難以殫舉其矩律之嚴即唐韻不啻此其故何邪又易象左國楚辭秦碑漢賦以至上古歌謠箴銘頌贊往往韻與詩合實古音之證也或謂三百篇詩辭之祖後有作者規

而韻之耳不知魏晉之世古音頗存至隋唐漸盡矣唐宋名儒博學好古間用古音以炫異燿奇則誠有之若讀垤爲姪以與日韻堯戒也讀明爲芒以與良韻皋陶歌也是皆前於詩者夫又何放且讀皮爲婆宋役人謳也讀丘爲欺齊嬰兒語也讀兒

爲荒晉輿人謠也按兄字虛王反非荒也讀褱爲其魯朱儒詛也讀作爲詛蜀百姓辭也讀口爲苦漢白渠誦也又家姑讀也秦夫人之占懷回讀也魯聲伯之夢按懷回卽是一音旃芹讀也晉滅虢之徵瓜孤讀也衛良夫之譟彼其閭巷贊毀之間夢寐卜筮之頃何暇屑屑模擬

若後世吟詩者之限韻邪愚少
受詩家庭竊嘗畱心於此晚年
獨居海上惟取三百篇日夕讀
之懼子姪之學詩不知古音也
於是稍爲攷據列本證旁證二
條本證者詩自相證也旁證者
采之他書也二者俱無則宛轉
以審其音參伍以諧其韻無非

欲便於歌詠可長言嗟歎而已矣嗟夫古今一意古今一聲以吾之意而逆古人之意其理不遠也以吾之聲而調古人之聲其音不遠也患在是今非古執字泥音則支離日甚孔子所删幾於不可讀矣愚也聞見孤陋攷究未詳姑藉之以請正明達

君子

讀詩拙言曰說者謂自五胡亂華驅中原之人入於江左而河淮南北間雜夷言聲音之變或自此始然一郡之內聲有不同繫乎地者也百年之中語有遞轉繫乎時者也況有文字而後有音讀由大小篆而八分由八

分而隸凡幾變矣音能不變乎
所貴誦詩讀書尚論其當世之
音而已矣三百篇詩之祖亦韻
之祖也作韻書者宜權輿於此
遡源沿流部提其字曰古音某
今音某則今音行而古音庶幾
不泯矣自周至後漢音已轉移
其未變者實多愚考說文之中

多與毛詩合者乃徐鉉修說文槩依孫愐之切韻是以唐音而反律古矣厥後諸韻書引古詩如晨星而於唐宋名家之辭每數數焉無亦譜子孫而忘宗祖乎

又曰愚編旁證采易獨詳以時世近而聲音同也如天如行如

慶如明凡五十餘字悉載之首矣此實周代之音非叶也歷數彖象行凡四十有四明凡一十有七慶凡一十有二無不同音者又如當字詩無所附六十四卦位當不當凡二十有七皆讀平聲決其爲古音無疑也沈括云慶古人叶韻音羌諸儒據以

爲然故註詩者一則曰叶再則曰叶近有易本於當字註云本去叶平亦襲沈括之說也夫後世如淮西之碑聖德之頌說者謂間用叶音以慕古耳孔子何慕乎乃其贊易字無正音而一取諸叶胡爲者也且叶或一二用三四用多矣五六用至多矣

蔓衍數十更無一不叶又胡爲者也註者空云慶古本讀羌而今讀如磬當古本讀瑠而今讀如覺庶得之矣胡爲以今之讀爲正而以古之正爲叶也是以楷書爲正字篆隸爲摹楷而作矣顛倒古今反覆倫類莫此甚也倡自一人天下羣而和之誤

自一世後世譴而從之智者不敢生疑賢者不敢致詰若安之爲固然遵之爲謨訓者九原可作不啞然而笑乎
屈宋古音義序曰夫毛詩易象之音若日月中天耿然不可易矣今考之屈宋其音往往與詩易合其詩易所無者又往往與

周秦漢魏之歌謠詩賦合其爲上世之音何疑自唐顔師古太子賢註兩漢書於長卿子雲孟堅平子諸賦音有與時乖者直以合韻叶音當之後儒相緣不復致思故自毛詩易象楚辭漢賦與凡古昔有韻之篇悉委於叶之一字矣余實深慨而歎息

之竊念少好楚辭楚辭之中尤
好屈宋一一以古音讀之聲韻
頗諧故復集此一篇公之同好
已上皆李立之論其辨古音非
叶極爲精當然愚以古詩中間
有一二與正音不合者如興蒸
之屬也而小戎末章與音爲韻
大明七章與林心爲韻戎東之

屬也而常棣四章與務爲韻常武首章與祖父爲韻又如箕子洪範則以平與偏爲韻孔子繫易于屯于比于恆則以禽與窮中終容凶功爲韻于蒙于泰則以實與順巽與願亂爲韻此或出於方音之不同今之讀者不得不改其本音而合之雖謂之叶

亦可然特百中之一二耳

四聲之始

南史陸厥傳曰永明末盛爲文章吳興沈約陳郡謝朓琅邪王融以氣類相推汝南周顒善識聲韻爲文皆用宫商以平上去入爲四聲以此制韻有平頭上尾蠭腰鶴膝五字之中音韻悉

異兩句之內角徵不同不可增
減世呼爲永明體
周顒傳曰顒始著四聲切韻行
於時
沈約傳曰約撰四聲譜以爲在
昔詞人累千載而不悟而獨得
胷衿窮其妙旨自謂入神之作
武帝雅不好焉嘗問周捨曰何

謂四聲捨曰天子聖哲是也然
帝竟不遵用約也
庾肩吾傳曰齊永明中王融謝
朓沈約文章始用四聲以爲新
變至是轉拘聲韻
陸厥傳又曰時有王斌者不知
何許人著四聲論行於時
今考江左之文自梁天監以前

多以去入二聲同用以後則若有界限絕不相通是知四聲之論起於永明而定於梁陳之間也藝文類聚載武帝清暑殿效柏梁體聯句帝云居中負扆寄纓紱而司徒左西屬江葺和云鼎味參和臣多匱以去和入則其時未用四聲可知乃約所自

作冠子祝辭讀化爲平高士賛讀緇爲去正陽堂宴勞凱旋詩讀傳爲上今廣韻化字傳字無平上二聲而去聲有滓字無緇字論語涅而不緇楚辭及史記屈原傳竝作泥而不滓索隱曰泥音涅滓音緇是約雖譜定四聲而猶存古意不若後人之昧而拘也

四聲之譜誠不可無然古人之

字有定作一聲者有不定作一聲者旣以四聲分部則於古人之所已用不得不兩收三收四收而其所闕漏者遂爲太古之音後人疑不敢用又江左諸公本從辭賦入門未通古訓於是聲音一而文字愈繁作賦巧而研經彌拙𢀖使今人古人如異

域之不相曉而叶音之說作唐元和元年鄉貢進士李行修言近學無專門經無師授以音定字以疏釋經是能使生徒由之中科不能使天下由之致理是則自唐以前猶未以音定字可知也

古人四聲一貫

四聲之論雖起於江左然古人之詩已自有遲疾輕重之分故平多韻平仄多韻仄亦有不盡然者而上或轉爲平去或轉爲

平上入或轉爲平上去則在歌者之抑揚高下而已故四聲可以竝用騏駵是中騧驪是驂龍盾之合鋈以觼軜言念君子溫其在邑方何爲期胡然我念之合軜邑念四字皆平而韻驂一之日觱發二之日栗烈無衣無褐何以卒歲發烈褐三字皆去

而韻歲今之學者必曰此字元有三音有兩音故可通用（吴才老韻補寔始此說）不知古人何嘗屑屑於此哉一字之中自有平上去入今一一取而注之字愈多音愈雜而學者愈迷不識其本此所謂大道以多岐亾羊者也陳氏之書蓋多此病至其末卷乃曰四聲

之辨古人未有中原音韻此類實多舊說必以平叶平仄叶仄也無亦以今而泥古乎斯言切中肯綮李氏毛詩古音考邶谷風怒字下註曰四聲之說起於後世古人之詩取其可歌可詠豈屑屑毫釐若經生爲耶且上去二音亦輕重之間耳綢繆隅字下註曰或問二平而接以去聲可乎中原音韻聲多此類其音節未嘗不和暢也二條所論至當但全書之中隔閡四聲多爲註釋瑣碎殊甚不知李立既發此論而何以猶扞格於四聲一一爲之引證亦所謂勞脣吻

而貴簡冊者也方子謙（名日升）之小補抑又甚焉今之爲書取前人一字而叶兩三聲者盡併之使學者之視聽一而不亂其庶乎守約之旨也夫

五方之音有遲疾輕重之不同淮南子云輕土多利重土多遲清水音小濁水音大陸法言切

韻序曰吳楚則時傷輕淺燕趙則多傷重濁秦隴則去聲爲入梁益則平聲佀去約而言之卽一人之身而出辭吐氣先後之間已有不能齊者其重其疾則爲入爲去爲上其輕其遲則爲平遲之又遲則一字而爲二字茨爲蒺藜椎爲終葵是也亦有二字併爲一字

者舊唐書云吐谷渾俗多謂之遐渾蓋語急而然故註家多有疾言徐言之解而劉勰文心雕龍謂疾呼中宮徐呼中徵韓非子外儲說右上篇有此語夫一字而可以疾呼徐呼此一字兩音三音之所繇昉巳平上去入之名漢時未有然公羊莊二十八年傳曰春秋伐者爲客伐者爲主何休註于伐者

爲客下曰伐人者爲客讀伐長言之齊人語也于伐者爲主下曰見伐者爲主讀伐短言之齊人語也長言則今之平上去聲也短言則今之入聲也平上去三聲固多通貫惟入聲侶覺差殊然而祝之爲州見於穀梁蒲之爲亳見於公羊翹之

爲促見於周禮提是支反之爲折常列反見於檀弓若此之類不可悉數迨至六朝詩律漸工韻分已密而唐人功令猶許通用故廣韻中有一字而收之三聲四聲者非謂一字有此多音乃以示天下作詩之人使隨其遲疾輕重而用之也後之陋儒未究厥旨

乃謂四聲之設，諸五行四序如東西之易向晝夜之異位而不相合也豈不謬哉且夫古之爲詩主乎音者也江左諸公之爲詩主乎文者也文者一定而難移音者無方而易轉夫不過喉舌之間疾徐之頃而已。諧於音順於耳矣故或平或仄時揩之空而無所窒礙角弓之反上賓筵之反平桃夭之室入東山之室去惟其時也大東一篇兩言來而前韻疚後韻服離騷一篇兩言索而前韻妬後韻迫惟其當也有定之四聲以同天下之文無定之四聲以協天下之律聖人之所以和順于道德而

理于義非達天德者其孰能知之

夫一字而可以三聲四聲若易爻之上下無常而唯變所適也然上如其平去如其上入如其去而又還如其平是所謂言天下之至賾而不可惡言天下之至動而不可亂也此聲音文字

相生相貫自然之理也
或曰一字而可以三聲則天可
讀爲上去乎曰天不可去而地
可平楚辭天問啟棘賓商九辯
九歌何勤子屠母而死分竟地
是也朿不可去而北可平漢司
馬相如上林賦東西南北馳騖
往來是也是以四聲同用則歌

者以上爲平而不以平爲上以入爲去而不以去爲入何則歌之爲言也長言之也平音最長上去次之入則詘然而止無餘音矣凡歌者貴其有餘音也以無餘從有餘樂之倫也

入爲閏聲

平聲音長入聲音短平聲字多

入聲字少長者多短者少此天地自然之理也故入聲之部合之三聲但有其四（見古音表）而五方之音或有或無尚不能齊必欲以配三聲或以其無是聲也而削之（元周德清中原音韻併作三聲）則均之不達矣詩三百篇中亦往往用入聲之字其入與入爲韻者什之七入

與平上去爲韻者什之三以其
什之七而知古人未嘗無入聲
也以其什之三而知入聲可轉
爲三聲也故入聲聲之閏也猶
五音之有變宮變徵而爲七也

近代入聲之誤

韻書之序平聲一東二冬入聲
一屋二沃若將以屋承東以沃

承冬者久仍其誤而莫察也屋之平聲爲烏故小戎以韻驅馵不協於東董送可知也沃之平聲爲夭故揚之水以韻鑿襮樂不協於冬腫宋可知也術轉去而音遂故月令有審端徑術之文曷轉去而音害故孟子有時日害喪之引質爲傳質爲臣之

質覺爲尚寐無覺之覺沒音妹也見於子產之書燭音主也著於孝武之紀此皆載之經傳章章著明者至其韻中之字隨部而誤者十之八以古人兩部混併爲一而誤者十之二是以審音之士談及入聲便茫然不解而以意爲之遂不勝其舛互矣

兹既本之五經參之傳記而亦略取說文形聲之指不惟通其本音而又可轉之於平上去三代之音久絶而復存其必自今日始乎

夫平之讀去中中將將行行興興上之讀去語語弟弟好好有有而人不疑之者一音之自爲

流轉也去之讀入宿宿出出惡惡易易而人疑之者宿宥而宿屋出至而出術惡暮而惡鐸易昔而易昔後之爲韻者以屋承東以術承諄以鐸承唐以昔承清若呂之代嬴黃之易芉而其統系遂不可尋矣或曰平嬴而入詘固有三平而某一入者是

殆不然夫古人之制字必有所從來以文相麗以聲相協在乎此者不得移乎彼所謂天之生物也使之一本夫文字則亦有然者也若曰他部可承三代經傳之文何無一出於彼者乎故歌戈麻三韻舊無入聲侵覃以下九韻舊有入聲今因之餘則

反之

卷中

二十九

音論卷下

六書轉注之解

唐張說故廣州都督甄公碑文曰錫姓因生如堅之讀形聲轉注以眞爲音

宋張有曰轉注者展轉其聲注釋他字之用也如其無少長之類

禮部韻略曰老字下从匕音化考字下从丂音巧（玉篇丂部九十四丂苦道切）各自成文非反匕爲丂也周禮六書三曰轉注謂一字數義展轉注釋而後可通後世不得其說遂以反此作彼爲轉注衞常（本作恆）書勢云五曰轉注考老是也裴務齊切韻云考字左迴老字右轉

其說皆非趙宧光說文長箋曰老考二字序文引作轉注而本訓釋文老从人毛匕考从老省丂聲是老乃會意考則諧聲一人之書自相矛盾

趙古則曰自許叔重以來以同意相受考老字爲轉注依聲託事令長字爲假借之說旣興康成以之而解經漁仲以之而成略遂失假借轉注之本指蕭楚謂一字轉其聲而讀之是爲轉

注近世程端禮謂轉注爲轉聲
假借爲借聲足正考老之謬
楊慎曰六書當分六體班固云
象形象事象意象聲假借轉注
是也六書以十分計之象形居
其一象事居其二象意居其三
象聲居其四假借借此四者也
轉注注此四者也四象以爲經

假借轉注以爲緯四象之書有限假借轉注無窮也鄭漁仲六書考論假借極有發明至說轉注之義則謬以千里矣陸深書輯曰轉注者轉其音以注爲別字令長之類是也假借者不轉音而借爲別用能刕之類是也

先儒兩聲各義之説不盡然凡上去入之字各有二聲或三聲四聲可遞轉而上同以至於平古人謂之轉注其臨文之用或浮或切在所不拘而先儒謂一字兩聲各有意義如惡字爲愛惡之惡則去聲爲美惡之惡則入聲顔氏家訓言此音始於

葛洪徐邈乃自晉宋以下同然
一辭莫有非之者余考惡字如
楚辭離騷有曰理弱而媒拙兮
恐導言之不固時溷濁而嫉賢
兮好蔽美而稱惡閨中既邃遠
兮哲王又不寤懷朕情而不發
兮余焉能忍與此終古又曰何
所獨無芳艸兮爾何懷乎故宇

時幽昧以眩曜兮孰云察余之美惡漢趙幽王友歌我妃既妬兮誣我以惡讒女亂國兮上曾不寤此皆美惡之惡而讀去聲漢劉歆遂初賦何叔子之好直兮爲羣邪之所惡賴祁子之一言兮幾不免乎徂落魏丁儀厲志賦嗟世俗之參差兮將未審

乎好惡咸隨情而與議兮固眞僞以紛鐠此皆愛惡之惡而讀入聲詳唐韻正十九鐸部惡字下乃知去入之别不過發言輕重之間而非有此疆爾界之分也凡書中兩聲之字此類寔多難以枚舉自訓詁出而經學衰韻書行而古詩廢小辯愈滋太道日隱噫先聖之微

言汩於蒙師之口耳者多矣知類通達吾以望之後之君子

唐張守節史記正義論例曰質有精麤謂之好惡（竝如字）心有愛憎稱爲好惡（竝去聲）當體則爲名譽（去聲）情乖則爲毀譽（平聲）今考之於詩邶之日月衛之木瓜鄭之女曰雞鳴竝以好韻報此心所愛而

夫聲者也書洪範無有作好遵王之道此心所愛而上聲者也若譽字三見於詩車舝之式燕且譽振鷺之以永終譽皆作去聲而韓奕之韓姞燕譽獨作平聲此豈得謂爲情乖者乎以此讀經所謂泥而未究者也

顔氏家訓江南學士讀左傳口

相傳述自爲凡例軍自敗曰敗打破人軍曰敗音補敗反諸記傳未見補敗反徐仙民讀左傳唯一處有此音又不言自敗敗人之別此爲穿鑿耳

漢書高帝紀縣給衣衾棺葬具如淳曰棺音貫師古曰初爲櫝櫝至縣更給衣及棺備其葬具

耳不勞改讀音爲貫也又項羽背約而王君王於南鄭師古曰上王音于放反劉攽曰予謂王作如字何害據此二條則一字兩聲繁辭曲說皆人已有悟其非者矣

左傳昭五年觀兵于坻箕之山釋文曰觀舊音官讀爾雅者皆

官喚反周禮司爟鄭康成讀如予若觀火之觀是以觀爲去聲晉陸機爲顧彥先贈婦詩浮海難爲水游林難爲觀晉書張寔傳永嘉中長安謠曰秦川中血没腕惟有涼州倚柱觀竝作去聲宋魏了翁論觀卦曰今轉注之說則彖象爲觀示之觀六爻爲觀瞻之觀竊意未有四聲反切以前安知不爲一音乎何楷周易訂詁云觀字本去聲後人讀平聲反以去爲轉音且考諸義則二字固

可一而參諸易詩以後東漢以前則凡有韻之語與孫炎沈約以後必限以四聲拘以音切者亦不可同日語也

且如唐人律詩至嚴其中略舉一二如翰字或平或去看字或平或去望字忘字或平或去醒字或平或上且得謂之有兩義

乎此正六書所謂轉注之字而韻中之兩收三收以示天下作詩之人隨其遲疾輕重而用之者也

反切之始

顏氏家訓曰九州之人言語不同自春秋標齊言之傳離騷目楚辭之經後有揚雄著方言其

書大備然皆考名物之同異不顯聲讀之是非也逮鄭玄注六經高誘解呂覽淮南許慎造說文劉熹製釋名始有譬況假借以證音字而古語與今殊別其間輕重清濁猶未可曉加以外言內言急言徐言讀若之類益使人疑孫叔然創爾雅音義按爾雅註

疏孫炎字叔然三國志樂安孫叔然註云與晉武帝同名受學鄭玄之門人稱東州大儒是漢末人獨知反語至於魏世此事大行高貴鄉公不解反語以爲怪異自茲厥後音韻蠭出各有土風遞相非笑此反切之所自起

唐張守節史記正義論例曰先儒音字比方爲音至魏祕書孫炎始作反音又未甚切今並依

孫反音以傳後學鄭康成云其
始書之也倉卒無字或以音類
比方假借爲之趣於近之而已
受之者非一邦之人其鄉同言
異字同音異於茲遂生輕重譌
謬
按反切之語自漢以上即已有
之宋沈括謂古語已有二聲合

爲一字者如不可爲叵何不爲盇如是爲爾而已爲耳之乎爲諸周禮士師五戒一曰誓用之于軍旅二曰誥用之于會同三曰禁用諸田役四曰糾用諸國中五曰憲用諸都鄙徐言之則爲之于疾言之則爲諸一也　小爾雅曰諸之乎也鄭樵謂慢聲爲二急聲爲一慢聲爲者焉急聲爲旃慢聲爲者與急聲爲諸慢聲爲而已急聲爲耳慢聲爲之矣急聲爲只是也愚嘗考之經

傳薋不止此如詩牆有茨傳茨蒺蔾也（本爾雅文）蒺蔾正切茨字八月斷壺今人謂之胡盧北史后妃傳作瓠蘆瓠蘆正切壺字左傳有山鞠窮乎鞠窮是芎藭鞠窮正切芎字著於丁寧注丁寧鉦也廣韻丁中莖切丁寧正切鉦字守陴者皆哭注陴城上僻倪

僻音避僻倪正切障字棄甲則
那那何也後人言柰何柰何正
切那字六卿三族降聽政註降
和同也和同正切降字春秋桓
十二年公及宋公燕人盟于穀
丘左傳作句瀆之丘句瀆正切
穀字公羊傳郰婁後名鄒郰婁
正切鄒字禮記檀弓銘明旌也

明旌正切銘字玉藻終葵椎也方言齊人謂椎爲終葵終葵正切椎字爾雅禘大祭也大祭正切禘字不律謂之筆不律正切筆字須蘑蕪蘑蕪正切須字列子楊朱南之沛莊子陽子居南之沛子居正切朱字古人謂耳爲聰易傳聰不明也靈樞經少

陽根于竅陰結于竅籠竅籠者耳中也竅籠正切聰字方言鼅鼄或謂之蠾蝓燭臾二音蠾蝓正切鼄字壻謂之倩註令俗呼女壻爲卒便卒便正切倩字說文鈴令丁也令丁正切鈴字鳩鶻古忽反鵃張流反也鶻鵃正切鳩字瘥一曰族絫徐鉉以爲卽左傳之瘯蠡力戈反

瘯蠡正切痤字釋名韠蔽膝也所以蔽膝前也蔽膝正切韠字王子年拾遺記晉武帝賜張華側理紙側理正切紙字水經注晏謨伏琛云濰水即扶淇之水也扶淇正切濰字廣韻狻猊獅子狻猊正切獅字以此推之反語不始於漢末矣

左傳襄十年會于柤會吳子壽夢也註壽夢吳子乘十二年經書吳子乘卒服虔云壽夢發聲吳蠻夷言多發聲數語共成一言按夢古音莫登反壽夢二字合爲乘字

宋宋庠國語補音行玉二十瑴下云按諸本二十字無作廿者

舊音獨出廿字如此則當音入顏之推稽聖賦云魏嫗何多一孕四十中山何夥有子百廿此其證又以三十爲卅蘇合反四十爲卌先立反皆興於秦隸書之後務從簡便因各有音大抵急言之耳按此並以二字爲一與反切相近故引之宋洪邁論史記秦始皇刻石其辭皆四言

爲句其刻泰山曰廿有六年琅邪臺曰維廿六年之罘東觀皆云維廿九年會稽曰卅有七年此卽廿字卅字之始後人傳寫誤以一字爲二作二十三十字而薛尚功古器欵識周微欒鼎銘曰維王廿有三年伯姬鼎銘曰維王廿有八年則不始於秦矣

南北朝反語

南北朝人作反語多是雙反韻家謂之正紐到紐史之所載如

晉孝武帝作清暑殿有識者以清暑反爲楚聲楚聲爲清聲楚爲暑也宋明帝多忌袁粲舊名愍袁愍爲隕門隕門爲袁門隕爲愍也劉悛舊名劉忱忱爲臨讎臨讎爲劉讎讎臨爲忱也齊世祖於青溪立宮號曰舊宮時人反之曰舊宮者窮廄窮廄爲舊廄窮

爲宮也文惠太子立樓館于鍾山下號曰東田東田反語爲顛童顛童爲東童顛爲田也梁武帝創同泰寺開大通門對寺之南門取反語以協同泰同泰爲大泰同爲通也陳後主名叔寶反語爲少福少福爲叔福少爲寶也北齊劉逖請改元爲武平

謂和士開曰武平反爲明輔明輔爲武輔明爲平也隋文帝謂楊英反爲嬴姎楊英爲嬴英楊爲姎也唐高宗改元通乾以反語不善詔停之通乾反爲天窮通乾爲天乾通爲窮也又如水經注索郎酒反爲桑落桑落爲索落桑爲郎也孔氏志怪盧充

幽婚反爲溫休溫休爲幽休溫
爲婚也又有三字反者吳孫亮
初童謠曰於何相求常子閣常
子閣者反語石子堈常閣爲石
閣常爲堈也齊武帝永明初百
姓歌曰陶郎來言唐來勞也陶
郎爲唐郎陶爲勞也梁武帝中
大通中民間謠曰鹿子開城門

鹿子開者反語爲來子哭鹿開爲來開鹿爲哭也北齊濟南王立爲皇太子初學反語於跡字下注云自反侍者未達其故太子曰跡字足旁亦豈非自反耶以足亦反爲跡也如矢引爲矧女良爲娘舍予爲舒手延爲挻目匕爲旨目少爲眇保言爲𠈃欠金爲欽之類皆自反也

趙宧光曰釋典譯法眞言中此

方無字可當梵音者卽用二字
聚作一體謂之切身乃古人自
反之字則已先有之矣
玉篇廣韻指南有嬭字註曰此
不是字有聲無形俗用女聯爲
形又俗女聯爲切吶字平聲吶
女劣切
反切之名

禮部韻略曰音韻展轉相協謂之反亦作翻兩字相摩以成聲韻謂之切其實一也

反切之名自南北朝以上皆謂之反孫愐唐韻則謂之切蓋當時諱反字如荀子口行相反戰國策上黨之民皆反爲趙淮南子談語而不稱師是反也家語

其彊禦足以反是獨立今本竝作返梁書侯景傳取臺城如反掌亦作返皆是後人所改隋以前不避反字漢器爭山宗鐙蒲坂字作蒲反而水經說文汳字唐人亦改作汴路史云隋煬帝惡其從反易之飯字亦或爲飰

唐玄度九經字樣序曰避以反言但紐四聲定其音旨沙門神珙四聲五音九弄反紐

圖序曰梁沈約創立紐字之圖其巻內之字蓋字下云公害翻代反以翻殳字下云平表紐代反以紐是則反也翻也切也紐也一也然張參五經文字竝不諱反則知凡此之類必起於大曆以後矣

讀若

漢時人未有反切故於字之難

知者多注云讀若趙宧光說文長箋凡例曰古無音切二法音聲之道無邊而同音者甚少故許氏但有讀若若者猶言相似而已可口授而不可筆傳也又曰本文讀若與徐氏切韻不合者漢唐音聲稍變欲求古今異讀以漢正唐以唐正今全賴其

異不然後此者轉復移易各就方言而不知底極矣

反切之法亦有韻窄而不可通者廣韻上聲四十二拯部拯字下云無韻切音蒸上聲以本音之外止有丑拯其拯色庱三切而互用則終於莫曉故變反切之法而以平聲之字音之亦古

音論　卷下　二十

人讀若之意也

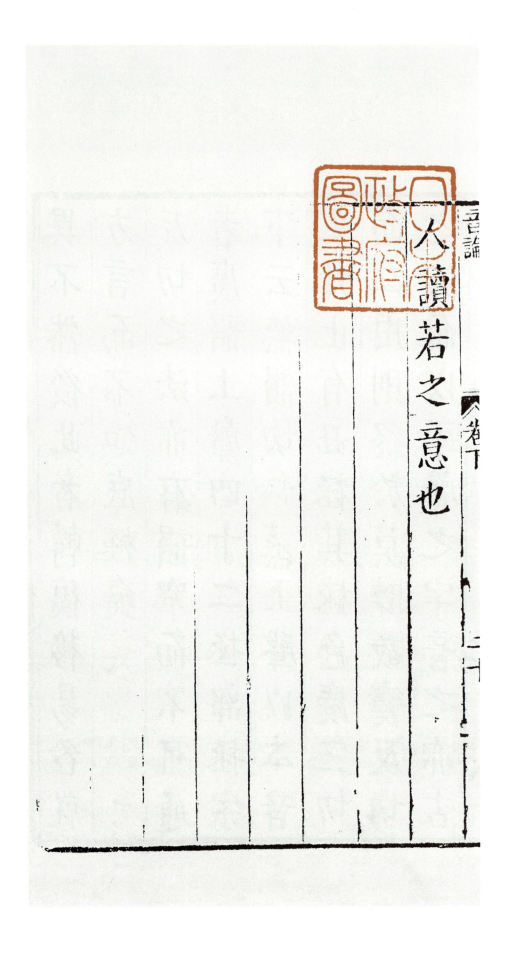

詩本音卷之一

國風

周南

關關雎鳩十八尤　言十八尤者此字在唐韻之十八尤部也餘倣此　在河之洲十八尤　窈窕淑女君子好逑十八尤

參差荇菜左右流十八尤　之窈窕淑女寤寐求十八尤　之　凡詩中語助之辭皆以上文一字爲韻如兮也之只矣而哉止思焉我斯且忌猗之類皆不入韻又有二字不入韻者著之乎而是也若特用其一則遂以入韻其君也哉誰昔然矣人之爲

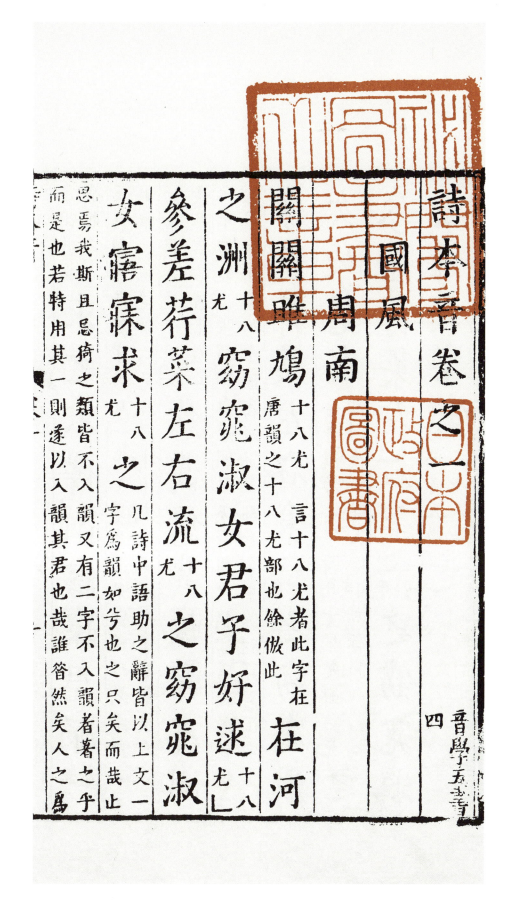

言胡得焉是也

一求之不得二十五德寤寐思服古音蒲北反與匐同考服字詩凡一十七見易三見儀禮三見禮記二見爾雅一見楚辭六見竝同諸子先秦兩漢之書皆然後人誤入一屋韻詳見唐韻正後凡言古音者倣此悠哉悠哉輾轉反側二十四職　張弨曰自唐明皇天寶間以隸寫六經遂雜用俗改字如州復加水輾爲輾謡之類首舉見例別詳詩正字

參差荇菜左右采十五海之窈窕淑女琴瑟友古音以考友字詩凡十見楚辭一見竝同後人混入四十四有韻之

參差荇菜左右芼三十七号之窈窕淑女鍾鼓樂陸德明音五教反　三十六效之

關雎三章一章四句二章

章八句

葛之覃兮施于中谷一屋三燭二韻與木協說見兔罝維葉萋萋十二齊黃鳥于飛八微集于

灌木一屋其鳴喈喈十四皆

葛之覃兮施于中谷見上維葉莫莫十一暮十九鐸二韻是刈是濩十一暮十九鐸二韻爲絺爲綌二十陌服之無斁二十二昔　按谷音欲乃臾之入聲莫乃模之入聲濩乃胡之

入聲給乃區之入聲數乃余之入聲本同一韻後人分爲三四部而其條理遂不可尋矣凡入聲字倣此詳見音論近代入聲之誤條

言告師氏四紙　古無平上去入四聲通爲一音後倣此詳見音論古人四聲一貫條

言告言歸八微　薄汚我私六脂　薄澣我衣八微　害澣害否五旨　考否字詩凡六見易三見楚辭一見並房以反後人誤於四十四有韻再出

歸寧父母　古音滿以反考母字詩凡一十七見其十六並同淮蝀二章與雨韻又易繫辭傳如臨父母與度懼故韻要當以滿以反爲正後人不知但入四十五厚韻　此章以平上通爲一韻

葛覃三章章六句

采采卷耳不盈頃筐十陽嗟我懷人寘彼周行十一唐　考行字詩凡三十二見書三見易四十四見左傳一見禮記三見孟子一見楚辭十三見並戶郎反其行列之行行止之行五行之行同是一音後人誤於十二庚韻再出

陟彼崔嵬十五灰我馬虺隤十五灰我姑酌彼金罍十五灰維以不永懷十四皆

陟彼高岡十一唐我馬玄黃十一唐我姑酌彼兕觥古音叅考觥字詩凡二見並同後人混入十二庚韻維以不

永傷十陽

陟彼砠九魚矣我馬瘏十一模矣我僕

痡十一模矣云何吁十虞矣

卷耳四章章四句

南有樛木葛藟纍六脂之樂只君

子福履綏六脂之

南有樛木葛藟荒十一唐之樂只君

子福履將十陽之

南有樛木葛藟縈十四清之樂只君
子福履成十四清之
樛木三章章四句
螽斯羽詵詵十九臻兮宜爾子孫振
振十七真兮
螽斯羽薨薨十七登兮宜爾子孫繩
繩十六蒸兮
螽斯羽揖揖二十六緝兮宜爾子孫蟄

蟄（二十六緝）兮

螽斯三章章四句

桃之夭夭灼灼其華（古音敷考華字詩凡八見易一見楚辭一見竝同爾雅華荂也後人誤入九麻韻）之子于歸宜其室家（古音姑考家字詩凡八見書一見左傳二見楚辭一見竝同後人誤入九麻韻）

桃之夭夭有蕡其實（五質）之子于歸宜其家室（五質）

桃之夭夭其葉蓁蓁（十九臻）之子于

歸空其家人十七眞

桃夭三章章四句

肅肅兎罝古音雎後人誤入九麻韻此詩上下各自爲韻罝與夫協丁與城協謂之隔句韻後倣此椓之丁丁十三耕赳赳武夫十虞公侯干城十四清

肅肅兎罝見上施于中逵六脂赳赳武夫見上公侯好仇此字有二音此章音渠之反秦無衣首章音渠猶反後人混入十八尤韻疑古元有二音之字如母戎興難之類然三百篇之中亦不過四五字而已或以爲逵當作馗音求與仇

字同音甚協而經文未可輒改姑闕所疑

肅肅兔罝見上施于中林二十一侵赳赳武夫見上公侯腹心二十一侵

兔罝三章章四句

采采芣苢六止薄言采十五海之采采芣苢見上薄言有古音以考有字詩凡十二見書一見楚辭一見竝同今四十四有與栦丑等字混爲一韻之

采采芣苢見上與下苢協薄言掇十三末之采

采芣苢見上薄言捋十三末之此章亦可以上入通爲一韻下章同

采采芣苢見上薄言袺十六屑之采采

芣苢見上薄言襭十六屑之

芣苢三章章四句

南有喬木不可休十八尤思今文作不可休息陸德明云本或作休思正義曰詩之大體韻在辭上疑休求爲韻二字俱作思宋王應麟詩攷序言漢廣不可休息朱子從韓詩作不可休思小旻是用不集朱子從韓詩作是用不就今本思仍作息就仍作集而集下叶疾救反則非王氏所見之本疑是朱子未定

之本也　漢有游女不可求十八尤思　漢之廣三十七蕩矣不可泳古音羊向反後人混入四十三映韻思　江之永古音于兩反後人混入三十八梗韻說文引此作江之羕矣矣不可方十陽思此章以平上去通爲一韻　木字轉上聲音姥則與女字爲韻然如此則太巧矣今此類一切不注後倣此但學者當知古人之詩無處無韻不必兩句一韻如後人五言之法也

翹翹錯薪言刈其楚八語之子于歸言秣其馬古音莫補反與姥同考馬字詩凡十四見書一見易一見左傳二見楚辭二見竝同今三十五馬與踝瓦等字混爲一韻　漢之廣見上矣不可

泳見上思江之永見上矣不可方見上
思

翹翹錯薪言刈其蔞十虞之子于
歸言秣其駒十虞漢之廣見上矣不
可泳見上思江之永見上矣不可方
見上思

漢廣三章章八句

遵彼汝墳伐其條枚十五灰未見君

子惄如調飢六脂

遵彼汝墳伐其條肄六至既見君

子不我遐棄六至

魴魚頳尾七尾王室如燬四紙雖則

如燬見上父母孔邇四紙

汝墳三章章四句

麟之趾六止振振公子六止于嗟麟

兮古人之詩言盡而意長歌止而音不絕也故有句之餘有章之餘句之餘若上篇所謂一字二字之語助是也章之

餘如于嗟麟兮其樂只且文王烝哉之類是也記曰言之不足故長言之長言之不足故嗟歎之凡章之餘皆嗟歎之辭可以不入韻然合三數章而歌之則章之末句未嘗不自爲韻也

麟之定四十六徑振振公姓四十五勁于嗟麟兮

麟之角古音祿考角字詩凡三見並同今一屋韻有此字誤於四覺韻再出振振公族一屋于嗟麟兮

麟之趾三章章三句

周南十一篇三十四章

百五十九句舊作周南之國按宋程大昌曰南者樂名所謂以雅以南者也不得云周南之國今但曰周南

召南

維鵲有巢維鳩居九魚之子于歸百兩御王肅讀魚據反　九御　漢儒相傳讀御爲迓後人因之以御車之御爲魚據反音馭迓御之御爲五駕反音迓不知古人牙字不入麻韻其讀迓卽同御音今以御迓二字分爲兩音而迓字別混入四十禡韻誤之此章以平去通爲一韻

維鵲有巢維鳩方十陽之之子于

歸百兩將十陽之
維鵲有巢維鳩盈十四清之之子于
歸百兩成十四清之
鵲巢三章章四句
于以采蘩于沼于沚六止于以用
之公侯之事七志　此章以上去通爲一韻
于以采蘩于澗之中一東于以用
之公侯之宫一東

被之僮僮一東夙夜在公一東被之祁祁六脂薄言還歸八微

采蘩三章章四句

喓喓草蟲一東趯趯阜螽一東未見君子六止與止協憂心忡忡一東亦既見止六止亦既覯止見上我心則降古音戶工反考降字詩凡四見禮記一見楚辭三見並同後人分四江韻

陟彼南山言采其蕨十月未見君

子見上憂心惙惙十七薛亦旣見止見上
亦旣覯止見上我心則說十七薛此章亦可以上入通爲一韻
陟彼南山言采其薇八微未見君
子見上我心傷悲六脂亦旣見止見上
亦旣覯止見上我心則夷六脂此章亦可以平上通爲一韻

草蟲三章章七句

于以采蘋十七眞南澗之濱十七眞于以采藻三十二晧于彼行潦三十二晧于以盛之維筐及筥八語于以湘之維錡及釜九麌于以奠之宗室牖下古音戶考下字詩凡一十七見易一十六見書一見禮記六見孟子一見楚辭十四見竝同後人混入三十五馬韻誰其尸之有齊季女八語

采蘋三章章四句

蔽芾甘棠勿翦勿伐十月召伯所茇十三末

蔽芾甘棠勿翦勿敗十七夬召伯所憩十三祭

蔽芾甘棠勿翦勿拜十六怪召伯所說十三祭

甘棠三章章三句

厭浥行露十一暮豈不夙夜古音豫考夜字詩凡七見左傳

一見楚辭二見並同後人混入四十禡韻　謂行多露見上

誰謂雀無角音祿　何以穿我屋一屋

誰謂女無家音姑　集傳叶音谷非　此句本不入韻然角屋獄足皆可轉爲平聲則家亦未嘗非韻也　何以速我獄三燭　雖速我獄見上

室家不足三燭

誰謂鼠無牙古音吾考牙字詩凡二見並同後人誤入九麻韻　與家協隔句爲韻一

何以穿我墉三鍾　誰謂女無家音姑　集傳叶各空反非　或問二章之家不入韻三章之家入韻可乎曰奚而不可夫音與音之相從如水之於水火之於火也比任

詩之中如風之入於竅穴無微而不達其發而爲歌如四氣之必至而無所逃於天地之間者也故夫子之傳易曰同聲相應而記之言樂也曰聲相應故生變變成方謂之音蘇氏所謂古人之文譬之風行水上自然而成者豈若後世詞人之作字櫛句比而不容有一言之離合者乎且如凱風之南首章入韻而二章不入韻燕燕之及首章三章不入韻而二章入韻於詩多有之矣况比二章之家乎入相通固不得謂之非韻也如集傳之說必欲比而同之則不得不以二章之家音谷三章之家音公一家也忽而谷忽而公歌之者難爲音聽之者難爲耳矣此其病在乎以後代作詩之體求六經之文而厚誣古人以謬悠忽怳不可知不可據之字音也豈其然乎朱子復生其必以愚爲知言也夫

一何以速我訟 三鍾三用 二音 雖速我訟 見上 亦不女從

三鍾

行露三章一章三句二章章六句

羔羊之皮古音婆考皮字詩凡三見左傳二見竝同後人誤入五支韻素絲五紽七歌退食自公委蛇委蛇古音陀考蛇字詩凡二見楚辭四見竝同後人以委蛇之蛇音弋支反虵蛇之蛇音神遮反分入五支九麻二韻非也

羔羊之革古音棘考革字詩凡四見易三見竝同後人混入二十一麥韻素絲五緎二十四職委蛇委蛇自公退食二十四職

羔羊之縫三鍾素絲五總一董委蛇

委蛇退食自公一東　此章以平上通爲一韻

羔羊三章章四句

殷其靁十五灰與斯子哉協在南山之陽十陽何斯違斯五支莫敢或遑十一唐振振君子六止歸哉歸哉十六咍　此章以平上通爲一韻

殷其靁見上在南山之側二十四職何斯違斯見上莫敢遑息二十四職振振君子見上歸哉歸哉見上　此章亦可以平上入通爲一韻朱子詩音大抵本之吳才老或

委之門人編注而其中參錯不合者未之詳定也且如殷其靁側叶莊力反匏有苦葉子叶獎里反谷風从叶想止反相鼠俟叶羽已反側與力子與里从與止俟與已本一韻也何以云叶頍弁柏叶逋莫反奕懌竝叶弋灼反本文無灼韻中字又何須叶節南山氐音底叶都黎反氐本平聲齊韻中字何須音而又叶野叶上與反不注於燕燕而注於葛生南叶尼心反不注於燕燕凱風而注於株林思叶新齋反來叶陵之反不注於終風而注於雄雉先後之間亦爲失次

殷其靁見上在南山之下音戶何斯違斯見上莫或遑處八語振振君子見上歸哉歸哉見上同首章

殷其靁三章章六句

摽有梅（十五灰與士協）其實七（五質）兮求我庶士（六止）迨其吉（五質）兮（此章以平上通爲一韻）

摽有梅（見上）其實三（二十三談）兮求我庶士（見上）迨其今（二十一侵）兮（同上章）

摽有梅（見上）頃筐墍（六至）之求我庶士（見上）迨其謂（八未）之（此章以平上去通爲一韻）

摽有梅三章章四句

嘒彼小星（十五青與征協）三五在東（一東）肅

肅宵征十四清夙夜在公一東寔命不同一東

嘒彼小星見上維參與昴三十一巧昴字從寅丣之丣以爲力求反而從丣者非肅肅宵征見上抱衾與裯六豪十八尤二韻寔命不猶十八尤此章以平上通爲一韻

小星二章章五句

江有汜六止之子歸不我以六止不我以見上其後也悔十四賄十八隊二韻

江有渚八語之子歸不我與八語不我與見上其後也處八語

江有沱七歌之子歸不我過八戈不我過見上其嘯也歌七歌

江有汜三章章五句

野有死麕十七真與春協白茅包五肴之有女懷春十八諄吉士誘四十四有之此章以平上通爲一韻

林有樸樕一屋野有死鹿一屋白茅

純束（三燭）有女如玉（三燭）

舒而脫脫（十三末）兮無感我帨（十三祭）兮

無使尨也吠（二十廢　此章以去入通爲一韻）

野有死麕三章二章章四句一章三句

何彼襛（三鍾與雝協　今本有作穠者唐石經作襛廣韻襛華又衣厚貌唐張參五經文字曰襛如恭反從禾者訛）矣唐棣之華（音敷）曷不肅雝（三鍾）

王姬之車（古音居考車字詩凡七見易二見楚辭一見竝同後人誤於九麻韻再出）

何彼襛矣六止華如桃李六止平王之孫齊侯之子六止首章以襛字爲韻二章以矣字爲韻古人之文變化不拘如此

其釣維何維絲伊緡十七眞齊侯之子平王之孫二十三魂

何彼襛矣三章章四句

彼茁者葭古音姑後人誤入九麻韻壹發五豝古音伯吾反後人誤入九麻韻于嗟乎騶虞十虞

彼茁者蓬一東壹發五豵一東于嗟乎騶虞見上

首章以葭豝虞爲韻二章以蓬豵爲韻而虞字則合前章集傳不得其解乃以首章之虞叶音牙二章之虞叶五紅反一詩之中而兩變其音及至秦詩權輿之篇則無說矣首章以渠餘輿爲韻二章以簋飽爲韻而輿字則合前章正與此詩一律雖有善叶者不能以輿而叶簋飽也故愚以爲此古人後章韻前章之法不得此說而強求之上句宜其迷謬而不合矣　或曰如騶虞權輿之詩若斷其第二章歌之則其韻何所承乎曰古人歌詩如宗廟朝會之樂皆用全篇春秋列國卿大夫賦詩始有斷章如騶虞權輿之詩必無去其首章但斷二章之理且古人之詩有義同而必二章三章者非故爲是重疊之辭也取其被之管弦音長而節舒若一章而止則短促不成節奏必合二三章爲一闋故可以後章韻前章也　陸深曰詩中有三章而辭義無大相遠者如樛木螽斯之類蓋樂之三成猶今之三闋三疊是已

騶虞二章章三句

召南十四篇四十章百

七十七句

詩本音卷之二

國風

邶

汎彼柏舟十八尤亦汎其流十八尤耿耿不寐如有隱憂十八尤微我無酒以敖以游十八尤 此章之酒綠衣首章之衣燕燕三章之及通其四聲則皆入韻恐學者以爲繁碎故不注而發其例於此後之善歌者自能知之

我心匪鑒不可以茹九御亦有兄

弟不可以據九御薄言往愬十一暮逢
彼之怒十一姥暮二韻
我心匪石二十二昔與席協不可轉二十八獮也我
心匪席二十二昔不可卷二十八獮也威儀棣
棣不可選二十八獮也
憂心悄悄三十小慍于羣小三十小覯閔
既多受侮不少三十小靜言思之寤
辟有摽三十小

日居月諸胡迭而微八微心之憂矣如匪澣衣八微靜言思之七之不能奮飛八微日居月諸一句之中而自爲韻亦歌者所不得而遺也

柏舟五章章六句

綠兮衣兮綠衣黃裏六止心之憂矣六止曷維其已六止

綠兮衣兮綠衣黃裳十陽心之憂矣曷維其亾十陽

綠兮絲七之兮女所治七之兮我思古人俾無訧古音羽其反後人混入十八尤韻兮

絺兮綌兮凄其以風古音方凡反考風字詩凡六見楚辭二見竝同後人誤入一東韻我思古人實獲我心二十一侵

綠兮四章章四句

燕燕于飛八微與歸協差池其羽九麌之子于歸八微遠送于野古音神與反考野字詩凡十三見書一見左傳一見楚辭一見竝同今八語韻有此字誤於三十五馬韻再出瞻望弗及泣

涕如雨九麌

燕燕于飛見上頡之頏十一唐之子于歸見上遠于將十陽之瞻望弗及佇立以泣二十六緝二十六緝

燕燕于飛見上下上其音二十一侵之子于歸見上遠送于南二十二覃正義曰沈云協句宜乃林反今謂古人韻緩不煩改字瞻望弗及實勞我心二十一侵

仲氏任只其心塞淵一先終溫且

惠淑愼其身十七眞先君之思以勖

寡人十七眞

燕燕四章章六句

日居月諸照臨下土十姥乃如之

人兮逝不古處八語胡能有定寧

不我顧十一暮此章以上去通爲一韻

日居月諸下土是冒三十七号乃如之

人兮逝不相好三十七号胡能有定寧

不我報三十七号

日居月諸出自東方十陽乃如之人兮德音無良十陽胡能有定俾也可忘十陽

日居月諸東方自出六術父兮母兮畜我不卒六術胡能有定報我不述六術

日月四章，章六句。

終風且暴三十七号顧我則笑三十五笑謔浪
笑敖三十七号中心是悼三十七号
終風且霾十四皆惠然肯來十六咍莫往
莫來見上悠悠我思七之
終風且曀十二霽不日有曀見上寤言
不寐六至願言則嚏十二霽
曀曀其陰虺虺其靁十五灰寤言不
寐願言則懷十四皆

終風四章章四句

擊鼓其鏜十一唐踊躍用兵古音必良反考兵字詩凡三見左傳一見禮記一見竝同後人混入十二庚韻土國城漕我獨南行戶郎反

從孫子仲一送平陳與宋二宋不我以歸憂心有忡一東此章以平去通爲一韻

爰居爰處八語爰喪其馬音姥于以求之于林之下音戶

死生契闊 十三末 與子成說 十七薛 執子之手 四十四有 與子偕老 三十二晧

于嗟闊 見上 兮不我活 十三末 兮于嗟洵 十八諄 兮不我信 毛音申十七眞 兮

擊鼓五章章四句

凱風自南 二十二覃 吹彼棘心 二十一侵 棘心夭夭 四宵 母氏劬勞 六豪

凱風自南吹彼棘薪 十七眞 母氏聖

善我無令人十七眞

爰有寒泉二仙與人協　在浚之下音戶　有子七人十七眞　母氏勞苦十姥

睍睆黃鳥載好其音二十一侵　有子七人莫慰母心二十一侵

凱風四章章四句

雄雉于飛八微與懷協　泄泄其羽九麌　我之懷十四皆矣　自詒伊阻八語

雄雉于飛下上其音二十一侵展矣君子實勞我心二十一侵

瞻彼日月悠悠我思七之道之云遠曷云能來十六咍

百爾君子不知德行戶郎反不忮不求何用不臧十一唐

雄雉四章章四句

匏有苦葉二十九葉濟有深涉二十九葉深則

厲十三祭淺則揭十三祭

有瀰濟盈十四清有鷕雉鳴十二庚濟盈不濡軌古音九後人誤入五旨韻雉鳴求其牡莫九反後人誤入四十五厚韻說文鷕从鳥唯聲舊音以水反傳寫訛爲以小元戴侗曰此章上半句瀰與鷕協下半句盈與鳴協亦一句而兩韻也

雝雝鳴鴈三十諫旭日始旦二十八翰士如歸妻迨冰未泮二十九換

招招舟子六止人涉卬否房以反人涉

卬否見上卬須我友音以

匏有苦葉四章章四句

習習谷風方凡反與心協以陰以雨九麌黽勉同心二十一侵不宜有怒十姥十一暮二韻采葑采菲八微七尾二韻無以下體十一薺德音莫違八微及爾同死五旨此章以平上通爲一韻

行道遲遲六脂中心有違八微不遠伊邇四紙薄送我畿八微誰謂荼苦

其甘如薺十一薺宴爾新昬如兄如弟十一薺此章以平上通爲一韻涇以渭濁湜湜其沚六止宴爾新昬不我屑以六止毋逝我梁毋發我笱古音矩考笱字詩凡二見竝同後人混入四十五厚韻我躬不閱遑恤我後古音戶考後字詩凡八見禮記二見公羊傳一見竝同後人混入四十五厚韻

就其深矣方之舟十八尤之就其淺矣泳之游十八尤之何有何亾十陽與巷協

黽勉求十八尤之一凡民有喪十一唐一匍匐

救四十九宥之此章以平去通爲一韻

不我能慉一屋轉音許求反反以我爲讎十八尤

既阻我德賈用不售四十九宥昔育恐

育鞫一屋轉音居求反　唐石經凡詩中鞫字自采芑之節南山蓼莪之外竝作鞠今但篤公劉瞻卬二詩從之及爾顛覆四十九宥一屋二韻既生既

育轉音方浮反比予于毒二沃轉音徒雷反　此一屋轉音余求反章以平去入通爲一韻

我有旨蓄亦以御冬二冬宴爾新

昬以我御窮一東有洸有潰十八隊旣詒我肄六至不念昔者伊余來塈六至

谷風六章章八句

式微式微八微胡不歸八微微君之故十一暮胡爲乎中露十一暮

式微式微見上胡不歸見上微君之躬一東胡爲乎泥中一東

式微二章章四句

旄丘之葛十二曷兮何誕之節十六屑兮

叔兮伯兮何多日五質也伯字不入韻

何其處八語也必有與八語也何其

久古音几考久字詩凡三見左傳一見考工記一見孟子一見竝同惟易傳有几非二音後人混入四十四有韻

也必有以六止也

狐裘蒙戎一東匪車不東一東叔兮

伯兮靡所與同一東

瑣兮尾七尾兮流離之子六止叔兮伯兮褎如充耳六止

旄丘四章章四句

簡兮簡兮方將萬舞九麌日之方中在前上處八語

碩人俁俁九麌公庭萬舞見上有力如虎十姥執轡如組十姥

左手執籥十八藥右手秉翟二十陌二十三錫二韻

赫如渥赭公言錫爵十八藥　諸字不入韻

山有榛十九臻　隰有苓古音力珍反考苓字詩凡二見令字凡四見零字凡一見竝同惟小宛四章脊令之令下以鳴征生字爲韻而首句自不入韻也後人誤入十五青韻　云誰之思西方美人十七眞　彼美人見上兮　西方之人見上兮

簡兮四章章三章章四句一章六句

毖彼泉水亦流于淇七之　有懷于

衛靡日不思七之孌彼諸姬七之聊與之謀古音媒考謀字詩凡九見易一見左傳二見楚辭一見竝同後人混入十八尤韻出宿于泲十一薺飲餞于禰十一薺女子有行遠父母兄弟十一薺問我諸姑遂及伯姊五旨

出宿于干二十五寒飲餞于言二十二元載脂載舝十五鎋轄音害還車言邁十七夬遄臻于衛十三祭不瑕有害十四泰此章以去入通爲一韻

我思肥泉 二仙 兹之永歎 二十五寒 思須與漕 六豪 我心悠悠 十八尤 駕言出遊 十八尤 以寫我憂 十八尤

泉水四章章六句

出自北門 二十三魂 憂心殷殷 二十一殷 終窶且貧 十七眞 莫知我艱 二十八山 已焉哉 十六哈 天實爲之 七之 謂之何哉 見上 按哉之以語助爲韻詩中亦或有之李因篤曰當以爲何一字爲韻爲古音譌見下相鼠

王事適二十二昔我政事一埤益二十二昔我

我入自外室人交徧讁二十一麥我已

焉哉見上天實爲之見上謂之何哉

見上

王事敦鄭氏音都回反我政事一埤遺六脂

我我入自外室人交徧摧十五灰我

已焉哉見上天實爲之見上謂之何

哉見上　此章之哉之北風三章之虛邪且皆通上文爲一韻

北門三章章七句

北風其涼十陽雨雪其雱十一唐惠而好我攜手同行戶郎反其虛九魚其邪箋云讀如徐正義曰爾雅作其徐考邪字詩凡二見竝同後人誤入九麻韻既亟只且九魚

北風其喈十四皆雨雪其霏八微惠而好我攜手同歸八微其虛見上其邪見上既亟只且見上

莫赤匪狐十一模莫黑匪烏十一模惠而好我攜手同車九魚其虛見上其邪見上既亟只且見上

北風三章章六句

靜女其姝十虞俟我於城隅十虞愛而不見搔首踟躕十虞

靜女其孌二十八獮貽我彤管二十四緩彤管有煒七尾說懌女美五旨

自牧歸荑十二齊洵美且異七志匪女之爲美見上美人之貽七之此章以平上去通爲一韻

靜女三章章四句

新臺有泚四紙河水瀰瀰四紙燕婉之求籧篨不鮮古音犀尚書大傳曰西方者何鮮方也西本音先今讀犀鮮本音犀今讀仙二字互誤今鮮字入二仙二十八獮二韻此章以平上通爲一韻

新臺有洒古音銑後人誤入十一薺韻河水浼浼古音免後人誤入十四賄韻按洒韓詩作漼浼韓詩作浘今字已改正而猶用韓詩之音誤矣燕婉之

求籧篨不殄　二十七銑

魚網之設鴻則離　古音羅考離字詩凡二見易二見楚辭三見竝同後人誤入五支韻

之燕婉之求得此戚施　古音式何反考施字詩凡二見楚辭二見竝同後人誤入五支韻　或問四句二韻而語助之字一有一無在他詩亦有可證者乎曰非獨四句也即三句二句亦有之矣老子曰上士聞道勤而行之中士聞道若存若亾行與亾爲韻史記朱虛侯章歌曰深耕溉種立苗欲疏非其種者鉏而去之疏與去爲韻此非四句二韻而獨用一之字者乎篤公劉之詩曰何以身之維玉及瑤鞞琫容刀身與瑤刀爲韻此非三句三韻而獨用一之字者乎載見之詩曰以介眉壽永言保之壽與保爲韻桓之詩曰於昭于天皇以間之天與間爲韻禮記坊記相彼盍旦尚猶患之旦與患爲韻莊子則陽篇不馮其子靈公奪而里之子與里爲韻此非

二句二韻而獨用一之字者乎古人之文變化不拘若此以今人之見求之猶膠柱而鼓瑟必有所不諧者矣

新臺三章章四句

二子乘舟汎汎其景古音於兩反後人混入三十八梗韻願言思子中心養養三十六養

二子乘舟汎汎其逝十三祭願言思子不瑕有害十四泰

二子乘舟二章章四句

邶國十九篇七十二章

三百六十三句

鄘

汎彼柏舟十八尤與髦協在彼中河七歌髧彼兩髦六豪實維我儀古音俄考儀字詩凡十見楚辭一見並同後人誤入五支韻之死矢靡他七歌母也天一先只不諒人十七真只

汎彼柏舟見上在彼河側二十四職髧彼兩髦見上實維我特二十五德之死矢靡

懕二十五德母也天見上只不諒人見上只

柏舟二章章七句

牆有茨不可埽三十二晧也中冓之言

不可道三十二晧也所可道見上也言之

醜四十四有也

牆有茨不可襄十陽也中冓之言

不可詳十陽也所可詳見上也言之

長十陽也

牆有茨不可束（三燭）也中冓之言不可讀（一屋）也所可讀（見上）也言之辱（三燭）也

牆有茨三章章六句

君子偕老副笄六珈（九麻）委委佗佗（七歌）如山如河（七歌）象服是宜（古音魚何反考宜字詩凡九見易一見儀禮一見楚辭一見並同後人誤入五支韻）子之不淑云如之何（七歌）

玼四紙十一薺二韻兮玼見上兮其之翟二十陌二十三錫一韻按簡兮翟與籥爵爲韻與此不同當闕也鬒髮如雲不屑髢十二霽也玉之瑱也象之揥十三祭也揚且之晳二十三錫集傳叶征例反似因易大有傳明辯晢也而誤按易傳之晢从折从日音制明也與陳詩明星晢晢之晢同亦作晣此章之晳从析从白音析白也與論語曾晳之晳左傳子晳白晳之晳同今依石經正之轉音爲息例反也胡然而天也胡然而帝十二霽也此章以上去入通爲一韻

瑳兮瑳兮其之展二十八獮也蒙彼縐

綌是紲袢二十二元也子之清揚揚且之顏二十七刪也展如之人兮邦之媛二十二元三十三線二韻也此章以平去通爲一韻

君子偕老三章一章七句一章九句一章八句

爰采唐十一唐矣沫之鄉十陽矣云誰之思美孟姜十陽矣期我乎桑中一東要我乎上宮一東送我乎淇之

上四十一漾與唐鄭姜協矣此章以平去通爲一韻

爰采麥古音莫北反考麥字詩凡五見並同今二十一麥與獲索等字混爲一韻矣沬

之北二十五德矣云誰之思美孟弋二十四職

矣期我乎桑中見上要我乎上宮

見上送我乎淇之上合前章矣

爰采葑三鍾矣沬之東一東矣云誰

之思美孟庸三鍾矣期我乎桑中

見上要我乎上宮見上送我乎淇之

上合前章矣首章唐鄉姜爲一韻中宮爲一韻而上字仍協首句二章麥北弋爲一韻中宮爲一韻三章葑東庸中宮共爲一韻而上字仍協首章所謂後章韻前章者也　集傳中叶諸良反宮叶居王反非

桑中三章章七句

鶉之奔奔鵲之彊彊十陽人之無良十陽我以爲兄古音虛王反考兄字詩凡五見楚辭一見並同後人混入十二庚韻

鵲之彊彊見上與良協鶉之奔奔二十三魂人之無良見上我以爲君二十文

鶉之奔奔二章章四句

定之方中一東作于楚宮一東揆之以日五質作于楚室五質樹之榛栗五質椅桐梓漆五質爰伐琴瑟七櫛

升彼虛九魚矣以望楚八語矣望楚與堂十一唐景山與京古音疆考京字詩凡十一見左傳一見並同後人混入十二庚韻降觀于桑十一唐卜云其吉終然今本作終焉唐石經作終然按漢光和六年白石神君碑其銘曰卜云其吉終然允臧今從之　張衡東京賦卜征

考祥終然允淑用此文法　允臧十一唐　此章以[illegible]平上通爲一韻

靈雨既零古音力珍反說見簡兮　命彼倌人十七眞

星言夙駕說于桑田一先　顏師古註急就章曰古者田陳聲相近故陳敬仲奔齊改爲田氏小雅信彼南山維禹甸之韓詩作敶眞韻字古竝通先不必改音也　匪直

也人見上　秉心塞淵一先　騋牝三千一先

定之方中三章章七句

蝃蝀在東莫之敢指五旨　女子有

行遠父母兄弟十一薺

朝隮于西崇朝其雨九麌女子有行遠兄弟父母滿補反說見葛覃

乃如之人十七眞也懷昏姻十七眞也大無信二十一震也不知命古音彌吝反考命字詩凡九見並同後人誤入四十三映韻也此章以平去通爲一韻

蝃蝀三章章四句

相鼠有皮音婆人而無儀音俄人而

無儀見上不死何爲古音譌考爲字詩凡七見易一見楚辭八見並同後人誤入五支韻

相鼠有齒六止人而無止六止人而

無止見上不死何俟六止

相鼠有體十一薺人而無禮十一薺人而

無禮見上胡不遄死五旨

相鼠三章章四句

孑孑干旄五肴在浚之郊五肴素絲

紕五支之良馬四六至之彼姝者子

何以畀六至之此章以平去通爲韻

孑孑干旟九魚在浚之都十一模素絲

組十姥之良馬五十姥之彼姝者子

何以予九魚八語二韻之此章以平上通爲一韻

孑孑干旌十四清在浚之城十四清素絲

祝一屋之良馬六一屋之彼姝者子

何以告二沃之

干旄三章章六句

載馳載驅十虞歸唁衛侯古音胡考矦字詩凡二見左傳一見鏃字鍭字詩各一見竝同後人誤分十九矦韻　按此詩自驅馬悠悠以下別是一韻驅馬悠悠十八尤言至于漕六豪大夫跋涉我心則憂十八尤

既不我嘉不能旋反二十阮視爾不臧我思不遠二十阮上既不我嘉不能旋濟十二霽視爾不臧我思不閟六至上

陟彼阿丘古音去其反考丘字詩凡三見易一見左傳一見楚辭一見並同後人混入十八尤韻與懷之協言采其蝱古音芒後人混入十二庚韻女子善懷十四皆亦各有行戶郎反許人尤之七之李因篤曰當以尤爲韻尤音羽其反見下衆穉且狂[illegible]陽

我行其野芃芃其麥莫北反控于大邦誰因誰極二十四職大夫君子無我有尤古音羽其反考尤字詩凡二見易六見楚辭三見並同今十八尤與憂流等字混爲一韻百爾所思七之不如我所之七之此章亦可以平入通[illegible]

一韻

載馳四章二章章六句二章章八句

鄘國十篇二十九章百七十六句

衛

瞻彼淇奥綠竹猗猗古音於戈反考猗字詩凡四見竝同後人誤入五支韻有匪君子如切如磋七歌如

琢如磨八戈一瑟兮僩二十五潸兮赫兮咺
二十阮兮有匪君子終不可諼二十二元兮
此章以平上通爲一韻

瞻彼淇奥綠竹青青十五青有匪君
子充耳琇瑩十二庚會弁如星十五青一瑟
兮僩見上兮赫兮咺見上兮有匪君
子終不可諼見上兮

瞻彼淇奥綠竹如簀二十一麥有匪君

子如金如錫二十三錫如圭如璧二十二昔寬兮綽十八藥兮猗重較四覺兮善戲謔十八藥兮不爲虐十八藥兮

淇奧三章章九句

考槃在澗三十諫碩人之寬二十六桓獨寐寤言二十二元永矢弗諼二十二元此章以平去通爲一韻

考槃在阿七歌碩人之薖八戈獨寐寤歌七歌永矢弗過八戈

考槃在陸一屋碩人之軸一屋獨寐
寤宿一屋永矢弗告二沃

考槃三章章四句

碩人其頎八微衣錦褧衣八微齊侯
之子六止衛侯之妻十二齊東宮之妹十八隊
邢侯之姨六脂譚公維私六脂此章以平上去通爲一韻
手如柔荑十二齊膚如凝脂六脂領如

蝤蠐十二齊齒如瓠犀十二齊螓首蛾眉六脂巧笑倩三十二霰兮美目盼三十一襉兮

碩人敖敖六豪說于農郊五肴四牡有驕四宵朱幩鑣鑣四宵翟茀以朝四宵大夫夙退無使君勞六豪

河水洋洋北流活活十三末施罛濊濊十三末鱣鮪發發韓詩作鱍十三末葭菼揭揭十七薛庶姜孽孽十七薛庶士有朅十七薛

碩人四章章七句

氓唐石經避廟諱作甿今正之蚩蚩七之抱布貿絲七之匪來貿絲見上來卽我謀音媒送子涉淇七之至于頓丘去其反匪我愆期七之子無良媒十五灰將子無怒秋以爲期見上

乘彼垝垣二十二元以望復關二十七刪不見復關見上泣涕漣漣二仙旣見復關

見上載笑載言二十二元爾卜爾筮體無
咎言見上以爾車來以我賄遷二仙
桑之未落十九鐸其葉沃若十八藥于嗟
鳩兮無食桑葚四十七寑于嗟女兮無
與士耽二十二覃士之耽兮見上猶可說
十七薛也女之耽兮見上不可說見上二說字自爲
韻也此章以平上通爲一韻
桑之落矣其黃而隕十六軫自我徂

爾三歲食貧十七眞淇水湯湯十陽漸車帷裳十陽女也不爽三十六養士貳其行戶郎反士也罔極二十四職二三其德二十五德

此章兩以平上通爲一韻

三歲爲婦古音房以反考婦字詩凡三見易一見禮記一見楚辭一見竝同後人混入四十四有韻　與寐遂知之協靡室勞六豪三十七号二韻矣夙興夜寐六至靡有朝四宵矣言既遂六至矣至于暴三十七号矣兄弟不知五支咥其

笑三十五笑矣矣靜言思之七之躬自悼三十七号

矣此章以平上去以平去通爲一韻

及爾偕老老使我怨二十五願淇則有

岸二十八翰隰則有泮二十九換總角之宴三十二霰

言笑晏晏二十八翰三十諫二韻信誓旦旦二十八翰

不思其反二十阮反是不思七之亦已

焉哉十六咍此章以上去通爲一韻

氓六章章十句

籊籊竹竿以釣于淇（七之）豈不爾思（七之）遠莫致之（七之）

泉源在左淇水在右（古音以考右字詩凡十見禮記一見楚辭一見竝同後人混入四十四有韻）女子有行遠父母兄弟（十一薺）

淇水在右泉源在左（三十二哿）巧笑之瑳（七歌三十二哿二韻）佩玉之儺（七歌此章以平上通爲一韻）

淇水滺滺（十八尤）檜楫松舟（十八尤）駕言

出游尤十八以寫我憂尤十八

竹竿四章章四句

芄蘭之支五支童子佩觿五支雖則佩觿見上能不我知五支容兮遂兮六至垂帶悸兮六至

此章亦可以平去通爲一韻古人音部雖寬而用之則密故同一部而有親疏如此章支觿知平與平爲韻遂悸去與去爲韻而合之則通爲一也干旄二章旟都平與平爲韻組五予上與上爲韻而合之則通爲一也木瓜二章桃瑤平與平爲韻報好去與去爲韻而合之則通爲一也同一聲而有親疏如秦詩黄鳥之首章棘息特爲韻穴慄爲韻而合之則通爲一也分之而不亂合之而不乖可以知其用音之密矣

芄蘭之葉二十九葉童子佩韘三十怗雖則佩韘見上能不我甲三十二狎容兮遂兮見上兮垂帶悸見上兮

芄蘭二章章六句

誰謂河廣一葦杭十一唐之誰謂宋遠跂予望十陽之

誰謂河廣曾不容刀六豪誰謂宋遠曾不崇朝四宵

河廣二章章四句

伯兮朅兮（十七薛）邦之桀兮（十七薛）伯也執殳（十虞）爲王前驅（十虞）

自伯之東（一東）首如飛蓬（一東）豈無膏沐誰適爲容（三鍾）

其雨其雨杲杲出日（五質）願言思伯甘心首疾（五質）

焉得諼草言樹之背（十八隊）願言思

伯使我心痗十八隊

伯兮四章章四句

有狐綏綏在彼淇梁十陽心之憂矣之子無裳十陽

有狐綏綏在彼淇厲十三祭心之憂矣之子無帶十四泰

有狐綏綏在彼淇側二十四職心之憂矣之子無服蒲北反

有狐三章章四句

投我以木瓜古音孤考瓜字詩凡三見左傳一見竝同後人誤入九麻韻報之以瓊琚九魚匪報三十七号也永以爲好三十七号也

投我以木桃六豪報之以瓊瑤四宵匪報見上也永以爲好見上也此章以平去通爲一韻

投我以木李六止報之以瓊玖古音几考

玖字詩凡二見竝同後人混入四十四有韻匪報見上也永以爲好見上也

木瓜三章章四句

衛國十篇三十四章二百三句

王

彼黍離離音羅與靡協彼稷之苗四宵行邁靡靡古音摩考靡字詩一見易一見竝同後人誤入四紙韻中心搖

搖 四宵 知我者謂我心憂 十八尤 不知
我者謂我何求 十八尤 悠悠蒼天 一先
此何人 十七眞 哉
彼黍離離 見上 彼稷之穗 六至 行邁
靡靡 見上 中心如醉 六至 知我者謂
我心憂 見上 不知我者謂我何求
見上 悠悠蒼天 見上 此何人 見上 哉
彼黍離離 見上 彼稷之實 五質 行邁

靡靡見上一中心如噎十六屑一知我者謂

我心憂見上不知我者謂我何求

見上一悠悠蒼天見上此何人見上哉

黍離三章章十句

君子于役不知其期七之曷至哉

十六咍雞棲于塒七之日之夕矣羊牛

下來十六咍君子于役如之何勿思

七之

君子于役不日不月十月曷其有佸十三末雞棲于桀十七薛日之夕矣羊牛下括十三末今本或作牛羊非君子于役苟無飢渴十二曷

君子于役二章章八句

君子陽陽十陽左執簧十一唐右招我由房十一唐其樂只且末句說見麟之趾

君子陶陶六豪左執翿六豪右招我

由敖六豪其樂只且

君子陽陽二章章四句

揚之水五旨與子協不流束薪十七眞彼其之子六止不與我戍申十七眞懷十四皆哉

懷見上哉曷月予還歸八微哉

揚之水見上不流束楚八語彼其之子見上不與我戍甫九麌懷見上哉懷見上哉曷月予還歸見上哉

揚之水見上不流束蒲十一模彼其之子見上不與我戍許八語懷見上哉懷哉見上哉曷月予還歸見上哉此章以平上通爲一韻

揚之水三章章六句

中谷有蓷暵其乾二十五寒矣有女仳離嘅其歎二十五寒矣嘅其歎見上矣遇人之艱難二十五寒矣

中谷有蓷暵其脩十八尤矣有女仳

離條其歗三十四嘯轉音蕭矣條其歗見上矣遇人之不淑一屋轉音殊聊反矣此章以平去入通爲一韻

中谷有蓷暵其濕二十六緝矣有女仳離啜其泣二十六緝矣啜其泣見上矣何嗟及二十六緝矣

中谷有蓷三章章六句

有兔爰爰雉離于羅七歌我生之初尚無爲音譌我生之後逢此百

罹古音羅考罹字詩凡三見竝同後人誤入五支韻　尚寐無吪八戈

有兔爰爰雉離于罦尤十八我生之初尚無造三十二晧我生之後逢此百憂尤十八尚寐無覺三十六效此章以平上去通爲一韻

有兔爰爰雉離于罿一東我生之初尚無庸三鍾我生之後逢此百凶三鍾尚寐無聰一東

兔爰三章章七句

緜緜葛藟五旨與弟協在河之滸十姥終遠兄弟十一薺謂他人父九麌謂他人父見上亦莫我顧十一暮此章以上去通爲一韻

緜緜葛藟見上在河之涘六止終遠兄弟見上謂他人母滿以反謂他人母見上亦莫我有音以此章通爲一韻

緜緜葛藟見上在河之漘十八諄終遠兄弟見上謂他人昆二十三魂謂他人昆

見上
亦莫我聞二十文
葛藟三章章六句
彼采葛十二曷兮一日不見如三月
十月兮
彼采蕭二蕭兮一日不見如三秋
十八尤兮
彼采艾十四泰兮一日不見如三歲
十三祭兮

采葛三章章三句

大車檻檻五十四檻毳衣如菼四十九敢豈不

爾思畏子不敢四十九敢

大車啍啍二十三魂毳衣如璊二十三魂豈不

爾思畏子不奔二十三魂

穀則異室五質死則同穴十六屑謂予

不信有如皦日五質

大車三章章四句

丘中有麻九麻彼畱子嗟九麻彼畱
子嗟見上將其來施施式何反
丘中有麥莫北反彼畱子國二十五德彼畱
子國見上將其來食二十四職
丘中有李六止彼畱之子六止彼畱
之子見上貽我佩玖音几
　丘中有麻三章章四句
　王國十篇二十八章百

六十二句

詩本音卷之三

國風

鄭

緇衣之宜（魚何反）兮敝予又改爲（音譌）兮適子之館（二十九換）兮還予授子之粲（二十八翰）兮

緇衣之好（三十二晧）兮敝予又改造（三十二晧）兮適子之館（見上）兮還予授子之

粲見上兮

緇衣之蓆二十二昔兮敝予又改作十九鐸

兮適子之館見上兮還予授子之

粲見上兮

緇衣三章章六句舊作三章章四句今詳敝字當作一句還字當作一句難屬下文當作三章章六句

將仲子六止兮無踰我里六止無折

我樹杞六止豈敢愛之畏我父母

滿以反一仲可懷十四皆也父母之言亦可畏八未也此章亦可以平上去通爲一韻

將仲子兮無踰我牆十陽無折我樹桑十一唐豈敢愛之畏我諸兄虛王反一仲可懷見上也諸兄之言亦可畏見上也

將仲子兮無踰我園二十二元無折我樹檀二十五寒豈敢愛之畏人之多言

二十二元

仲可懷（見上）也人之多言亦可畏（見上）也

將仲子　句

叔于田（一先）巷無居人（十七眞）豈無居人（見上）不如叔也洵美且仁（十七眞）

叔于狩（四十九宥）巷無飲酒（四十四有）豈無飲酒（見上）不如叔也洵美且好（三十二晧　此章以上去通爲一韻）

叔適野神與反巷無服馬音姥豈無服馬見上不如叔也洵美且武九麌

叔于田三章章五句

叔于田乘乘馬音姥執轡如組十姥兩驂如舞九麌叔在藪古音色主反考藪字詩一見書一見竝同後人混入四十五厚韻火烈具舉八語襢裼暴虎十姥獻于公所八語將叔無狃戒其傷女八語

叔于田乘乘黄十一唐兩服上襄十
陽兩驂鴈行戶郎反叔在藪火烈具揚
十陽叔善射古音樹考射字詩凡三見一音樹二音豫禮記二見一音樹一音豫孟子一見音樹
後人混入四十禡韻忌又良御九御忌抑磬控一送
忌抑縱送一送忌
叔于田乘乘鴇三十二晧廣韻鴇今烏騆今本多誤作鴇兩
服齊首四十四有兩驂如手四十四有叔在藪
火烈具阜四十四有叔馬慢三十諫忌叔發

罕二十三旱忌下同抑釋掤十六蒸忌抑鬯弓古音肱考弓字詩凡四見左傳一見楚辭一見竝同後人誤入一東韻忌

大叔于田三章章十句

清人在彭古音旁考彭字詩凡八見竝同後人混入十二庚韻駟介旁旁十一唐二矛重英古音央考英字詩凡四見爾雅一見楚辭四見竝同後人混入十二庚韻河上乎翱翔十陽

清人在消四宵駟介麃麃四宵二矛重喬四宵河上乎逍遙四宵

清人在軸一屋轉音儔駟介陶陶六豪左旋右抽十八尤中軍作好三十二晧此章以平上入通爲一韻

清人三章章四句

羔裘如濡十虞洵直且侯音胡彼其之子舍命不渝十虞羔裘豹飾二十四職孔武有力二十四職彼其之子邦之司直二十四職羔裘晏二十八翰三十諫二韻兮三英粲二十八翰兮

彼其之子邦之彥三十三線兮

羔裘三章章四句

遵大路十一暮兮摻執子之袪九魚兮無我惡十一暮兮不寁故十一暮也此章以平去通爲一韻

遵大路兮摻執子之手四十四有兮無我魗十八尤兮不寁好三十二晧也此章以平上通爲一韻

遵大路二章章四句

女曰雞鳴士曰昧旦 二十八翰 子興視夜明星有爛 二十八翰 將翱將翔弋鳧與鴈 三十諫

弋言加 九麻 之與子宜 魚何反 之宜言飲酒 四十四有 與子偕老 三十二晧 琴瑟在御莫不靜好 三十二晧

知子之來 十六咍 之襍佩以贈 四十八嶝 集傳皆叶入聲按來字或可讀入聲贈字亦可讀入聲姑闕之

知子之順 二十二稕

之襍佩以問（二十三問）之知子之好（三十七号）之襍佩以報（三十七号）之

女曰雞鳴三章章六句

有女同車（九魚）顔如舜華（音敷）將翱將翔（十陽與姜協）佩玉瓊琚（九魚）彼美孟姜（十陽）洵美且都（十一模）

有女同行（戶郎反）顔如舜英（音央）將翱將翔（見上）佩玉將將（十陽）彼美孟姜

見上

德音不忘十陽此章通爲一韻

有女同車二章章六句

山有扶蘇十一模隰有荷華音敷不見子都十一模乃見狂且九魚

山有橋松三鍾隰有游龍三鍾不見子充一東乃見狡童一東

山有扶蘇二章章四句

蘀十九鐸與伯協兮蘀兮見上風其吹古音昌戈反後人誤

入五支韻女叔兮伯二十陌兮倡予和八戈女

蘀見上兮蘀見上兮風其漂四宵女叔

兮伯見上兮倡予要四宵女

蘀兮二章章四句

彼狡童兮不與我言二十二元兮維子

之故使我不能餐二十五寒兮

彼狡童兮不與我食二十四職兮維子

之故使我不能息二十四職兮

狡童二章章四句

子惠思我褰裳涉溱十九臻子不我思豈無他人十七眞狂童之狂也且末句無韻蓋以二章合而爲韻

子惠思我褰裳涉洧五旨子不我思豈無他士六止狂童之狂也且

褰裳二章章五句

子之丰三鍾俟我乎巷古音胡貢反考巷字詩一見楚

辭一見竝同後人分四絳韻兮悔予不送一送兮此章以平去通爲一韻

子之昌七陽兮俟我乎堂十一唐兮悔

予不將十陽兮

衣錦褧衣裳錦褧裳十陽叔兮伯

兮駕予與行戶郎反

裳錦褧裳衣錦褧衣八微叔兮伯

兮駕予與歸八微

丰四章二章章三句二章章四句

東門之墠二十八獮茹藘在阪二十阮其室則邇其人甚遠二十阮

東門之栗五質有踐家室五質豈不爾思子不我卽古音子悉反考卽字詩凡三見易一見竝同後人別入二十四職韻

東門之墠二章章四句

風雨淒淒十二齊雞鳴喈喈十四皆既見君子云胡不夷六脂

風雨瀟瀟三蕭雞鳴膠膠五肴既見君子云胡不瘳十八尤

風雨如晦十八隊雞鳴不已六止既見君子六止云胡不喜六止　此章以上去通爲一韻

風雨三章章四句

青青子衿二十一侵悠悠我心二十一侵縱我

不往子寧不嗣音二十一侵

青青子佩十八隊悠悠我思七之縱我

不往子寧不來十六咍此章以平去通爲一韻

挑兮達十二曷兮在城闕十月兮一日

不見如三月十月兮

子衿三章章四句

揚之水五旨與弟協一不流束楚八語一終鮮

兄弟十二齊一維予與女八語無信人之

言人實迋女見上

揚之水見上不流束薪十七眞終鮮兄弟見上維予二人十七眞無信人之言二十二元人實不信二十一震此章以平去通爲一韻

揚之水二章章六句

出其東門二十三魂有女如雲二十文雖則如雲見上匪我思存二十三魂縞衣綦巾十七眞聊樂我員二十文

出其闉闍十一模有女如荼十一模雖則如荼見上匪我思且九魚縞衣茹藘九魚聊可與娛十虞

出其東門二章章六句

野有蔓草零露漙二十五寒　顏師古匡謬正俗曰按呂氏字林作䨨音上兗反兮有美一人清揚婉二十阮兮邂逅相遇適我願二十五願兮此章以平上去通爲一韻

野有蔓草零露瀼瀼十陽有美一

人婉如清揚十陽邂逅相遇與子偕臧十一唐

野有蔓草二章章六句

溱與洧方渙渙二十九換兮士與女方秉蕑二十八山兮女曰觀乎十一模士曰既且九魚且往觀乎見上洧之外洵訏且樂十九鐸維士與女伊其相謔十八藥贈之以勺藥十八藥此章以平去通爲一韻

溱與洧瀏其清（十四清）矣士與女殷
其盈（十四清）矣女曰觀乎（見上）士曰既
且（見上）且往觀乎（見上）洧之外洵訏
且樂（見上）維士與女伊其將謔（見上）
贈之以勺藥（見上）

溱洧二章章十二句

鄭國二十一篇五十三
章二百八十九句

齊

雞既鳴十二庚矣朝既盈十四清矣匪雞則鳴見上蒼蠅之聲十四清

東方明古音彌郎反考明字詩凡十六見書二見易十七見禮記五見爾雅一見楚辭十見並同後人混入十二庚韻矣朝既昌十陽矣匪東方則明見上月出之光十一唐按鳴明二字今人混為一音不知鳴彌平反明彌郎反截然二音而不可互讀也今若此詩用鳴字則以盈聲二字為韻而他詩之用鳴者莫不以平生成征諸字從之用明字則以昌光二字為韻而他詩之用明者莫不以方王將良諸字從之何其密也謂三百五篇即古人之音書豈不信夫後之混為

一音者其亦未嘗學詩耳矣

蟲飛薨薨十七登甘與子同夢古音莫滕反考夢字詩凡四見竝同後人誤入一東又轉入一送韻會且歸矣無庶予子憎十七登

雞鳴三章章四句

子之還二十七刪二仙二韻兮遭我乎峱之間二十八山兮竝驅從兩肩一先兮揖我謂我儇二仙兮

子之茂古音耄考茂字詩凡五見爾雅一見竝同後人誤入五十候韻兮遭我乎峱之道三十二晧兮竝驅從兩牡莫九反兮揖我謂我好三十二晧兮此章以上去通爲一韻

子之昌十陽兮遭我乎峱之陽十陽兮竝驅從兩狼十一唐兮揖我謂我臧十一唐兮

還三章章四句

俟我於著九御乎而充耳以素十一暮

乎而尚之以瓊華音敷乎而此章以平去通爲一韻

俟我於庭十五青乎而充耳以青十五青乎而尚之以瓊瑩十二庚乎而

俟我於堂十一唐乎而充耳以黃十一唐乎而尚之以瓊英音央乎而

著三章章三句

東方之日五質兮彼姝者子在我

室五質兮在我室見上兮履我卽子悉反兮

東方之月十月兮彼姝者子在我闥十二曷兮在我闥見上兮履我發十月兮

東方之日二章章五句

東方未明彌郎反顛倒衣裳十陽顛之倒三十七号之自公召三十五笑之

東方未晞八微顚倒裳衣八微倒之顚一先之自公令力珍反說見簡兮之

折柳樊圃十姥狂夫瞿瞿十遇不能辰夜音豫正　今本誤作晨依唐石經及國子監註疏本改　呂氏讀詩記嚴氏詩緝並與石經文同後不更汸　傳曰辰時也不夙則莫十一暮　此章以上去通爲一韻

東方未明三章章四句

南山崔崔十五灰雄狐綏綏六脂魯道有蕩齊子由歸八微既曰歸見上止

曷又懷十四皆止

葛屨五兩三十六養四十一漾二韻與蕩協冠緌雙古音書容反後人分四江韻止魯道有蕩三十七蕩齊子庸三鍾止既曰庸見上止曷又從三鍾止

蓺麻如之何七歌與下何協衡從其畝古音滿以反考畝字詩凡十二見並同後人誤入四十五厚韻取妻如之何見上必告父母滿以反既曰告二沃止曷又鞫一屋止

析薪如之何（七歌與下何協）匪斧不克（二十五德）
取妻如之何（見上）匪媒不得（二十五德）既
曰得（見上）止曷又極（二十四職）止
南山四章章六句
無田甫田（一先與人協）維莠驕驕（四宵）無
思遠人（十七眞）勞心忉忉（六豪）
無田甫田（見上）維莠桀桀（十七薛）無思
遠人（見上）勞心怛怛（十二曷）

婉二十阮兮孌二十八獮兮總角丱三十諫兮未幾見三十二霰兮突而弁三十三線兮此章以上去通爲一韻

甫田三章章四句

盧令令力珍反按說文引此作盧獜獜力珍反正與令同音後人讀郎丁反誤其人美且仁十七眞

盧重環二十七刪其人美且鬈二仙

盧重鋂十五灰其人美且偲十六哈

盧令三章章二句

敝笱在梁其魚魴鰥二十八山齊子歸
止其從如雲二十文
敝笱在梁其魚魴鱮八語齊子歸
止其從如雨九麌
敝笱在梁其魚唯唯五旨齊子歸
止六止其從如水五旨

敝笱三章章四句

載驅薄薄十九鐸簟茀朱鞹十九鐸魯道

有蕩齊子發夕二十二昔

四驪濟濟十一薺垂轡瀰瀰四紙魯道有蕩齊子豈弟十一薺

汶水湯湯十陽行人彭彭音旁魯道有蕩三十七蕩齊子翱翔十陽此章以平上通爲一韻

汶水滔滔六豪行人儦儦四宵魯道有蕩齊子游敖六豪

載驅四章章四句

猗嗟昌（十陽）兮頎而長（十陽）兮抑若揚（十陽）兮美目揚（見上）兮巧趨蹌（十陽）兮射則臧（十一唐）兮

猗嗟名（十四清）兮美目清（十四清）兮儀既成（十四清）兮終日射侯不出正（十四清）兮展我甥（十二庚）兮

猗嗟孌（二十八獮）兮清揚婉（二十阮）兮舞則選（二十八獮三十三線二韻）兮射則貫（二十九換）兮四矢

反（二十阮）兮以禦亂（二十九換）兮（此章以上去通爲一韻）

猗嗟三章章六句

齊國十一篇三十四章

百四十三句

魏

糾糾葛屨可以履霜（十陽）摻摻女手可以縫裳（十陽）要之襋（二十四職）之好人服（蒲北反）之

好人提提五支宛然左辟五寘佩其象揥十三祭維是褊心是以爲刺五寘此章以平去通爲一韻

葛屨二章一章六句一章五句

彼汾沮洳九御言采其莫十一暮彼其之子美無度十一暮美無度見上殊異乎公路十一暮

彼汾一方十陽言采其桑十一唐彼其之子美如英音央美如英見上殊異乎公行戶郎反

彼汾一曲三燭言采其藚三燭彼其之子美如玉三燭美如玉見上殊異乎公族一屋

汾沮洳三章章六句

園有桃六豪其實之殽五肴心之憂

十八尤矣我歌且謠四宵不知我者謂我士也驕四宵唐石經作不我知下章同彼人是哉十六咍子曰何其七之心之憂矣其誰知之七之其誰知之見上蓋亦勿思七之

園有棘二十四職其實之食二十四職心之憂矣聊以行國二十五德不知我者謂我士也罔極二十四職彼人是哉見上子曰

何其見上心之憂矣其誰知之見上

其誰知之見上蓋亦勿思見上

園有桃二章章十二句

陟彼岵十姥兮瞻望父九麌兮父曰

嗟予子六止行役李因篤曰父曰母曰兄曰皆至行役爲句而子季弟於句半爲韻各協下音猶之半句爲讀也擊壤歌帝何力於我哉力字與上息食爲韻與此正同夙夜無

已六止上慎旃哉猶來無止六止

陟彼屺六止兮瞻望母滿以反兮母曰

嗟予季 六至 行役夙夜無寐 六至 上
愼旃哉猶來無棄 六至 此章以上去通爲一韻
陟彼岡 十一唐 兮瞻望兄 虛王反 兮兄曰
嗟予弟 十一薺 行役夙夜必偕 十四皆 上
愼旃哉猶來無死 五旨 此章以平上通爲一韻

陟岵三章章六句

十畝之間 二十八山 兮桑者閑閑 二十八山 兮
行與子還 二十七刪二仙二韻 兮

十畮之外十四泰兮桑者泄泄十三祭兮
行與子逝十三祭兮
十畝之間二章章三句
坎坎伐檀二十五寒兮寘之河之干二十五寒
兮河水清且漣二仙猗不稼不穡
胡取禾三百廛二仙兮不狩不獵
胡瞻爾庭有縣貆二十二元兮彼君子
兮不素餐二十五寒兮

坎坎伐輻古音方墨反考輻字詩凡二見竝同後人誤入一屋韻兮寘之河之側二十四職兮河水清且直二十四職猗不稼不穡二十四職胡取禾三百億二十四職兮不狩不獵胡瞻爾庭有縣特二十五德兮彼君子兮不素食二十四職兮

坎坎伐輪十八諄兮寘之河之漘十八諄兮河水清且淪十八諄猗不稼不穡胡取禾三百囷十七眞兮不狩不獵

胡瞻爾庭有縣鶉 十八諄 兮彼君子兮不素飧 二十三魂 兮

伐檀三章章九句

碩鼠碩鼠 八語 無食我黍 八語 三歲貫女 八語 莫我肯顧 十一暮 逝將去女 見上 適彼樂土 十姥 樂土樂土 見上 爰得我所 八語此章以上去通爲一韻

碩鼠碩鼠 見上與二女協下章同 無食我麥 莫北反

三歲貫女見上莫我肯德二十五德逝將去女見上適彼樂國二十五德樂國樂國樂國見上爰得我直二十四職

碩鼠碩鼠見上無食我苗四宵三歲貫女見上莫我肯勞六豪逝將去女見上適彼樂郊五肴樂郊樂郊見上誰之永號六豪

碩鼠三章章八句

魏國七篇十八章百二十八句

唐

蟋蟀在堂十一唐與康荒協歲聿其莫十一暮今我不樂日月其除九魚九御二韻無已大康十一唐職思其居九魚好樂無荒十一唐良士瞿瞿十虞十遇二韻此章以平去通爲一韻

蟋蟀在堂見上歲聿其逝十三祭今我

不樂日月其邁十七夬—無已大康見上—
職思其外十四泰—好樂無荒見上—良士
蹶蹶十三祭
蟋蟀在堂見上—役車其休十八尤—令我
不樂日月其慆六豪—無已大康見上—
職思其憂十八尤—好樂無荒見上—良士
休休見上

蟋蟀三章章八句

山有樞十虞隰有榆十虞子有衣裳弗曳弗婁古音閭禮記公羊傳邾婁即此音今十虞韻有此字誤於十九侯韻再出子有車馬弗馳弗驅十虞宛其死矣他人是愉十虞

山有栲三十二晧隰有杻四十四有子有廷內弗洒弗埽三十二晧子有鍾鼓弗鼓弗考三十二晧宛其死矣他人是保三十二晧

山有漆五質隰有栗五質子有酒食

何不日鼓瑟七櫛且以喜樂且以永日五質宛其死矣他人入室五質

山有樞三章章八句

揚之水白石鑿鑿十九鐸素衣朱襮二沃十九鐸二韻從子于沃二沃既見君子云何不樂十九鐸

揚之水白石皓皓三十二晧素衣朱繡四十九宥儀禮士昏禮註引肖詩作綃禮記郊特牲註同從子于鵠二沃既

見君子云何其憂十八尤　此章以平上去入通爲一韻

揚之水白石粼粼十七眞我聞有命不敢以告人十七眞　此章以平去通爲一韻　彌吝反

揚之水三章二章章六句

一章四句

椒聊之實蕃衍盈升十六蒸彼其之子碩大無朋十七登椒聊且遠條且三蕭

椒聊之實蕃衍盈匊一屋彼其之子碩大且篤二沃椒聊見上且遠條見上且

椒聊二章章六句

綢繆束薪十七眞三星在天一先今夕何夕見此良人十七眞子兮子兮如此良人何見上何

綢繆束芻十虞三星在隅十虞今夕

何夕見此邂逅（古音胡故反後人混入五十候韻）子兮

子兮如此邂逅（見上）何（此章以平去通爲一韻）

綢繆束楚（八語）三星在戶（十姥）今夕

何夕見此粲者（古音渚考者字詩凡四見楚辭一見並同後人混入三十五馬韻）

子兮子兮如此粲者（見上）何

綢繆三章章六句

有杕之杜（十姥）其葉湑湑（八語）獨行

踽踽（九麌）豈無他人不如我同父

九麌

嗟行之人胡不比六至焉人無兄弟胡不佽六至焉[illegible]

有杕之杜其葉菁菁十四清獨行瞏瞏十四清豈無他人不如我同姓四十五勁

嗟行之人胡不比見上焉人無兄弟胡不佽見上焉此章以平去通爲一韻

杕杜二章章九句

羔裘豹袪九魚自我人居居九魚豈

無他人維子之故 十一暮 此章以平去通爲一韻

羔裘豹褎 四十九宥 自我人究究 四十九宥 豈

無他人維子之好 三十七号

羔裘二章章四句

肅肅鴇羽 九麌 集于苞栩 九麌 王事

靡盬 十姥 不能蓺稷黍 八語 父母何

怙 十姥 悠悠蒼天曷其有所 八語

肅肅鴇翼 二十四職 集于苞棘 二十四職 王事

靡盬不能蓺黍稷 二十四職 父母何食 二十四職

悠悠蒼天曷其有極 二十四職

肅肅鴇行 戶郎反 集于苞桑 十一唐 王事

靡盬不能蓺稻粱 十陽 父母何嘗 十陽

悠悠蒼天曷其有常 十陽

鴇羽三章章七句

豈曰無衣 八微 七 五質 兮不如子之

衣 見上二衣字自爲韻 安且吉 五質 兮

豈曰無衣見上六一屋兮不如子之衣見上安且燠一屋兮

無衣二章章四句舊作章三句今改正

有杕之杜生于道左三十二哿彼君子兮噬肯適我三十二哿中心好之曷飲食之末二句無韻或以二章合爲韻

有杕之杜生于道周十八尤彼君子兮噬肯來游十八尤中心好之曷飲

會之

有杕之杜二章章六句

葛生蒙楚（八語）蘞蔓于野（神與反）予美

亾此誰與獨處（八語）

葛生蒙棘（二十四職）蘞蔓于域（二十四職）予美

亾此誰與獨息（二十四職）

角枕粲（二十八翰）兮錦衾爛（二十八翰）兮予美

亾此誰與獨旦（二十八翰）

夏之日冬之夜音豫百歲之後音戶

歸于其居九魚此章以平上去通爲一韻

冬之夜見上與後協夏之日五質百歲之

後見上歸于其室五質

葛生五章章四句

采苓力珍反采苓見上首陽之巓一先人

之爲言二十二元苟亦無信二十一震舍旃二仙

舍旃見上苟亦無然二仙人之爲言

見上胡得焉二仙此章以平去通爲一韻

采苦十姥采苦見上首陽之下音戶人

之爲言苟亦無與八語舍旃見上舍

旃見上苟亦無然見上人之爲言見上

胡得焉見上

采葑三鍾采葑見上首陽之東一東人

之爲言苟亦無從三鍾舍旃見上舍

旃見上苟亦無然見上人之爲言見上

胡得焉見上

采苓三章章八句

唐國十二篇三十三章

二百五句

書卷之三終

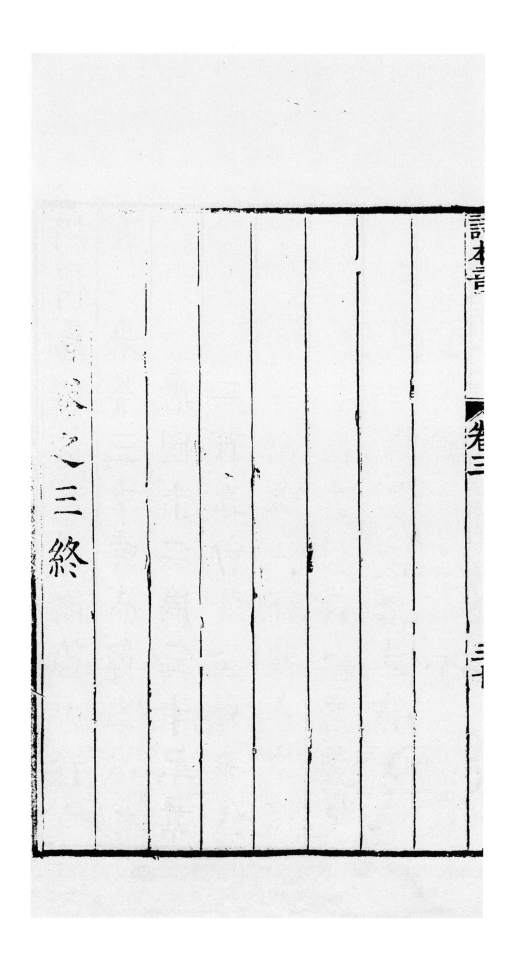

詩本音卷之四

音學五書

國風

秦

有車鄰鄰十七眞有馬白顛一先未見君子寺人之令力珍反

阪有漆五質隰有栗五質既見君子竝坐鼓瑟七櫛今者不樂逝者其耋十六屑

阪有桑十一唐隰有楊十陽既見君子並坐鼓簧十一唐今者不樂逝者其亡十陽

車鄰三章一章四句二章章六句

駟驖孔阜四十四有六轡在手四十四有公之媚子從公于狩四十九宥此章以上去通爲一韻

奉時辰牡辰牡孔碩二十二昔公曰左

之舍拔則獲二十一麥

游于北園二十二元四馬既閑二十八山輶車

鸞鑣四宵載獫歇驕四宵

駟驖三章章四句

小戎俴收十八尤五楘梁輈十八尤游環

脅驅十虞陰靷鋈續三燭徐邈音辭屢反今當轉爲平聲文

茵暢轂一屋轉音姑駕我騏馵十遇言念

君子溫其如玉三燭轉音魚在其板屋

一屋轉音烏亂我心曲三燭轉音袪此章以平去入通爲一韻

四牡孔阜四十四有六轡在手四十四有騏駵

是中騧驪是驂二十二覃龍盾之合二十七合

轉音含鋈以觼軜二十七合轉音南言念君子溫

其在邑二十六緝轉音烏合反方何爲期胡然

我念五十六㮇轉音奴占反之此章以平去入通爲一韻中字不入韻集傳叶諸仍反非古人之字必有定音非盡音而可叶也若中字止有竹冲竹仲二反或通爲仲字自古及今惟此三音而已集傳於桑中之篇則曰叶諸良反於小戎之篇則曰叶諸仍反何中字之多音哉

俴駟孔羣二十文厹矛鋈錞釋文一音敦元戴侗六章故曰矛戟下平鐏也記曰進矛戟者前其鐓鄭氏曰鋭底曰鐏平底曰鐓經傳亦與錞通用詩云厹矛鋈錞二十三魂蒙

伐有苑二十阮一虎韔鏤膺十六蒸交韔二

弓音肱竹閉緄縢十七登言念君子載

寢載興十六蒸厭厭良人秩秩德音二十一侵　古蒸侵二韻不相通此以音與興韻大明七章以林心與興韻豈方音之不同耶說見音論古詩無叶音條此章以平上通爲一韻

小戎三章章十句

蒹葭蒼蒼唐十一白露爲霜十陽所謂
伊人在水一方十陽遡洄從之七之
道阻且長十陽遡游從之見上二從之自爲韻
宛在水中央十陽
蒹葭淒淒十二齊白露未晞八微所謂
伊人在水之湄六脂遡洄從之見上
道阻且躋八微遡游從之見上宛在
水中坻六脂此章通爲一韻

蒹葭采采十五海白露未已六止所謂伊人在水之涘六止遡洄從之見上道阻且右音以遡游從之見上宛在水中沚六止一二之字亦可入韻

蒹葭三章章八句

終南何有音以協與止有條有梅十五灰君子至止六止錦衣狐裘古音渠之反考裘字詩凡三見左傳一見禮記一見並同後人混入十八尤韻顏如渥丹其君也哉

十六咍　此章亦可以平上通爲一韻

終南何有 見上 有紀有堂 十一唐 君子至止 見上 黻衣繡裳 十陽 佩玉將將 十陽 壽考不忘 十陽

終南二章章六句

交交黃鳥止于棘 二十四職 誰從穆公子車奄息 二十四職 維此奄息 見上 百夫之特 二十五德 臨其穴 十六屑 惴惴其慄 五質

彼蒼者天一先殲我良人十七眞如可
贖兮人百其身十七眞
交交黄鳥止于桑十一唐誰從穆公
子車仲行戶郎反維此仲行見上百夫
之防十陽臨其穴見上惴惴其慄見上
彼蒼者天見上殲我良人見上如可
贖兮人百其身見上
交交黄鳥止于楚八語誰從穆公

子車鍼虎十姥維此鍼虎見上百夫之禦八語臨其穴見上惴惴其慄見上彼蒼者天見上殲我良人見上如可贖兮人百其身見上

黃鳥三章章十二句

鴥彼晨風方凡反鬱彼北林二十一侵未見君子憂心欽欽二十一侵如何如何七歌忘我實多七歌

山有苞櫟十九鐸二十三錫二韻隰有六駮四覺

未見君子憂心靡樂十九鐸如何如

何見上忘我實多見上

山有苞棣十二霽隰有樹檖六至未見

君子憂心如醉六至如何如何見上

忘我實多見上

晨風三章章六句

豈曰無衣八微與師協與子同袍六豪王

于興師六脂修我戈矛十八尤與子同仇十八尤說見兔罝

豈曰無衣見上與子同澤二十陌王于興師見上修我矛戟二十陌與子偕作十九鐸

豈曰無衣見上與子同裳十陽王于興師見上修我甲兵必良反與子偕行戶郎反

無衣三章章五句

我送舅氏四紙與之協曰至渭陽十陽何以贈之七之路車乘黃十一唐此章以平上通爲一韻

我送舅氏見上悠悠我思七之何以贈之見上瓊瑰玉佩十八隊此章以平上去通爲一韻

渭陽二章章四句

於我乎夏屋渠渠九魚今也每食無餘九魚于嗟乎不承權輿九魚

於我乎每食四簋古音九考簋字詩凡二見易一見並同後人誤入五旨韻今也每食不飽三十一巧于嗟乎不承權輿合上章說見騶虞

權輿二章章三句舊作二章章五句今詳於我乎三字文義未終難以絕句當作二章章三句

秦國十篇二十七章百七十七句

陳

子之湯十一唐四十二宕二韻兮宛丘之上四十一漾

兮洵有情兮而無望四十一漾兮

坎其擊鼓十姥宛丘之下音戶無冬

無夏古音戶考夏字詩凡二見書一見禮記一見竝同後人混入三十五馬四十禡二韻值其

鷺羽九麌

坎其擊缶四十四有宛丘之道三十二晧無冬

無夏值其鷺翿三十七号此章以上去通爲一韻

宛丘三章章四句

東門之枌宛丘之栩九麌子仲之子婆娑其下音戶穀旦于差古音磋考差字詩一見楚辭一見竝同後人誤入五支十三佳二韻今以九麻韻爲正南方之原不績其麻九麻市也婆娑七歌

穀旦于逝十三祭越以鬷邁十七夬視爾如荍四宵貽我握椒四宵

東門之枌三章章四句

衡門之下可以棲遲六脂泌之洋洋可以樂毛公作樂鄭氏作藥力召反說文云藥治也唐石經依鄭作藥飢六脂

豈其食魚必河之魴十陽豈其取妻必齊之姜十陽

豈其食魚必河之鯉六止豈其取妻必宋之子六止

衡門三章章四句

東門之池古音沱考池字詩凡三見楚辭一見並同後人誤入五支韻可以

漚麻九麻彼美淑姬可與晤歌七歌

東門之池可以漚紵八語彼美淑

姬可與晤語八語

東門之池可以漚菅二十七删彼美淑

姬可與晤言二十二元

東門之池三章章四句

東門之楊十陽其葉牂牂十一唐昏以

爲期明星煌煌十一唐

東門之楊其葉肺肺〔十四泰〕昬以爲
期明星晢晢〔十三祭　晢音制說見君子偕老晢字下〕
東門之楊二章章四句
墓門有棘斧以斯〔五支〕之夫也不
良國人知〔五支〕之知而不已〔六止〕誰
昔然矣〔六止　此章亦可以平上通爲一韻〕
墓門有梅有鴞萃〔六至〕止夫也不
良歌以訊〔釋文訊又作誶徐音息悴反廣韻六至部中有誶字引此詩作歌以誶止楚辭章句〕

引此亦作誶予不顧考雨無正四章亦以訊與遐遂瘁爲韻明是誶字之誤皇矣執訊連連本又作誶禮記樂記多其訊言本又作誶古人以二字通用莊子虞人逐而誶之註一作訊文選王僧達和琅邪王依古詩聊誶興亾言李善本作訊後漢書黨錮傳帝亦頗誶其占誶一作訊荀子行遠疾速而不可託訊與偪塞忌置爲韻張衡思玄賦慎竈顯於言天兮占水火而妄訊與內對爲韻左思魏都賦翩翩黃鳥銜書來訊與匱粹溢出秩器室蒞日位爲韻

之訊予不顧十一暮顛倒思予九魚八語二韻　顏師古匡謬正俗曰予當讀如與不當讀如余詩楚辭皆無余音陸德明禮記音義曰予一人依字音羊汝反鄭云余予古今字則同音餘按予字如楚辭離騷女嬃之嬋媛兮申申其詈予曰鮌婞直以亡身兮終然殀乎羽之野紛總總其離合兮班陸離其上下吾令帝閽開關兮倚閶闔而望予忽吾行此流沙兮遵赤水而容與麾蛟龍使梁津兮詔西皇使涉予九歌湘夫人帝子降兮北渚目眇眇兮愁予嫋嫋兮秋風

洞庭波兮木葉下大司命君迴翔兮以下踰空桑兮從女紛總總兮九州何壽夭兮在予少司命秋蘭兮蘪蕪羅生兮堂下綠葉兮素華芳菲菲兮襲予河伯子交手兮東行送美人兮南浦波滔滔兮來迎魚鱗鱗兮媵予山鬼杳冥冥兮羌晝晦東風飄兮神靈雨畱靈修兮憺忘歸歲既晏兮孰華予皆讀如與而遠游命天閽其開關兮排閶闔而望予召豐隆使先導兮問太微之所居集重陽以入帝宮兮造旬始而觀清都則讀如余顏氏之說亦爲未盡　此章以平去通爲一韻

墓門二章章六句

防有鵲巢五肴邛有旨苕三蕭誰侜予美心焉忉忉六豪

中唐有甓二十三錫邛有旨鷊二十三錫誰侜

予美心焉惕惕二十三錫

防有鵲巢二章章四句

月出皎二十九篠兮佼人僚三十小兮舒窈糾四十六黝兮勞心悄三十小兮

月出皓三十二晧兮佼人懰四十四有兮舒懮受四十四有兮勞心慅三十二晧兮

月出照三十五笑兮佼人燎三十五笑兮舒夭紹三十小兮勞心慘五經文字作懆三十二晧毛晃曰詩小雅白華篇念子懆

懆陸音七倒反又引說文七感反云亦作慘北山詩或慘慘劬
勞陸音七感反字亦作懆蓋俗書懆與慘更互譌舛陸氏不加
辯正而互音之非也白華詩懆字當作草懆二音不當作七感
反字作慘者亦非北山詩慘字當作七感反字不當作懆又陳
風月出詩勞心慘兮當作懆誤作慘　陳第曰按說文懆愁不
安也从心喿聲孫愐以七早反音之又慘毒也从心參聲孫愐
以七感反音之此其文形既異音義不同宜易辨也後俗書
既勝音釋亦淆懆之與慘彼此互錯雖通人不能釐正矣故北
山之慘慘劬勞慘慘畏咎宜讀慘白華之念子懆懆宜讀懆月
出之勞心慘兮抑之我心慘慘皆宜改而從懆因文求義以義
酌文庶得之矣　大戴禮家語慘怛以補不足今作懆風俗通
刑罰慘剋今作懆與毛晃所論北山之誤同　按漢文多以
喿字作參墨子一人奉水將灌之一人摻火將益之操字作摻
靜夜聞鼓聲而諺譟字作諺大戴禮摻泥而就家人晏子春秋
擁札摻筆操字作摻漢書王莽傳郭欽封剽胡子西域傳作剿
胡子禮記玉藻註幧頭儀禮士喪禮註作幓頭李翕析里橋郙

閣頌燥字作𢡱，𠜨州從事苑鎮碑藻字作蔘而檟兮繆慕魯也，讀爲綃萮，亦繰之異文矣。漢蔡邕述行賦心惻愴而懷慘，與慼坎爲韻，今本誤作懆。唐珍州榮德縣丞梁師亮墓誌銘賓御懆而野雲愁，亦是慘字。

兮此章以上去通爲一韻

月出三章章四句

胡爲乎株林二十一侵從夏南二十二覃匪適株林見上從夏南見上

駕我乘馬音姥說于株野神與反乘我乘駒十虞朝食于株十虞此章亦可以平上通爲一韻

株林二章章四句

彼澤之陂〔古音波後人誤入五支韻〕有蒲與荷〔七歌〕有美一人傷如之何〔七歌〕寤寐無爲〔音譌〕涕泗滂沱〔七歌〕

彼澤之陂〔見上與爲協下章同〕有蒲與蕑〔二十八山〕有美一人碩大且卷〔二仙〕寤寐無爲〔見上〕中心悁悁〔二仙〕

彼澤之陂〔見上〕有蒲菡萏〔四十八感〕有美

一人碩大且儼五十二儼寤寐無爲見上

輾轉伏枕四十七寑

澤陂三章章六句

陳國十篇二十六章百

二十四句

檜

羔裘逍遥四宵狐裘以朝四宵豈不

爾思勞心忉忉六豪

羔裘翱翔十陽狐裘在堂十一唐豈不
爾思我心憂傷十陽
羔裘如膏三十七号日出有曜三十五笑豈不
爾思中心是悼三十七号
羔裘三章章四句
庶見素冠二十六桓兮棘人欒欒二十六桓兮
勞心慱慱二十六桓兮
庶見素衣八微兮我心傷悲六脂兮

聊與子同歸 八微 兮

庶見素韠 五質 兮我心蘊結 十六屑 兮

聊與子如一 五質 兮

素冠三章章三句

隰有萇楚猗儺其枝 五支 夭之沃

沃樂子之無知 五支

隰有萇楚猗儺其華 音敷 夭之沃

沃樂子之無家 音姑

隰有萇楚猗儺其實五質夭之沃
沃樂子之無室五質

隰有萇楚三章章四句

匪風發十月兮匪車偈十七薛兮顧瞻
周道中心怛十二曷兮
匪風飄四宵兮匪車嘌四宵兮顧瞻
周道三十二晧中心弔三十四嘯兮此章以平上去通爲一韻
誰能亨魚漑之釜鬵二十一侵誰將西

歸懷之好音二十一侵

匪風三章章四句

檜國四篇十二章四十五句

曹

蜉蝣之羽九麌衣裳楚楚八語心之憂矣於我歸處八語

蜉蝣之翼二十四職采采衣服蒲北反心之

憂矣於我歸息二十四職

蜉蝣掘閱薛十七麻衣如雪薛十七心之

憂矣於我歸說薛十七

蜉蝣三章章四句

彼候人兮何戈與祋十四泰十三末二韻彼其

之子三百赤芾八未十四泰八物三韻

維鵜在梁不濡其翼二十四職彼其之

子不稱其服蒲北反

維鵜在梁，不濡其咮（古音注。後人誤入四十九宥韻）。彼其之子，不遂其媾（古音故。後人混入五十候韻）。

薈（十四泰）兮蔚（八未）兮，南山朝隮（十二齊）。婉（二十阮）兮孌（二十八獮）兮，季女斯飢（六脂。詩有一句之中而兼用二韻，如「其虛其邪」是也。此章則薈蔚自爲一韻，婉孌自爲一韻，而隮飢又自爲一韻。古人屬辭之工，比音之密如此，所謂天籟之鳴，自然應律而合節者也）。

候人四章，章四句。

鳲鳩在桑，其子七（五質）兮。淑人君

子其儀一五質兮其儀一見上兮心
如結十六屑兮
鳲鳩在桑其子在梅十五灰淑人君
子其帶伊絲七之其帶伊絲見上其
弁伊騏七之
鳲鳩在桑其子在棘二十四職淑人君
子其儀不忒二十五德其儀不忒見上正
是四國二十五德

鳲鳩在桑其子在榛十九臻淑人君子正是國人十七眞正是國人見上胡不萬年一先

鳲鳩四章章六句

洌彼下泉二仙與歎協浸彼苞稂十一唐愾我寤歎二十五寒念彼周京音疆

洌彼下泉見上浸彼苞蕭三蕭愾我寤歎見上念彼京周十八尤

洌彼下泉見上浸彼苞著六脂愾我寤歎見上念彼京師六脂

芃芃黍苗四宵陰雨膏六豪三十十号二韻之四

國有王郇伯勞六豪三十七号二韻之

下泉四章章四句

曹國四篇十五章六十八句

豳

七月流火 古音毁考火字詩凡四見左傳一見並同後人誤入三十四果韻 九
月授衣 八微 一之日觱發 十月 二之
日栗烈 十七薛 無衣無褐 十二曷 何以卒
歲 十三祭 三之日于耜 六止 四之日舉
趾 六止 同我婦子 六止 饁彼南畝 滿以反
田畯至喜 六止 此章以平上以去入通爲一韻亦可通一章爲一韻
七月流火 見上 九月授衣 見上 春日
載陽 十陽 有鳴倉庚 古音岡考庚字詩凡二見並同今十二庚與平生等

字混爲一韻女執懿筐十陽遵彼微行戶郎反
爰求柔桑十一唐春日遲遲六脂采蘩
祁祁六脂女心傷悲六脂殆及公子
同歸八微
七月流火見上八月萑葦七尾蠶月
條桑十一唐取彼斧斨十陽以伐遠揚
十陽猗彼女桑見上七月鳴鵙二十三錫八
月載績二十三錫載玄載黃十一唐我朱孔

陽十陽爲公子裳十陽

四月秀葽四宵五月鳴蜩三蕭八月

其穫十九鐸十月隕蘀十九鐸一之日于

貉十九鐸取彼狐狸七之爲公子裘渠之反

二之日其同一東載纘武功一東言

私其豵一東獻豜于公一東

五月斯螽動股十姥六月莎雞振

羽九麌七月在野神與反八月在宇九麌

九月在戶十姥十月蟋蟀入我牀下音戶穹窒熏鼠八語塞向墐戶見上嗟我婦子曰爲改歲入此室處

八語

六月食鬱及薁一屋七月亨葵及菽一屋轉上聲則薁音懊菽音少與下棗稻酒壽爲一韻八月剝棗三十二晧十月穫稻三十二晧爲此春酒四十四有以介眉壽四十四有七月食瓜音孤八月斷壺

十一模 九月叔苴 九魚 采荼薪樗 九魚 食

我農夫 十虞

九月築場圃 十姥 十月納禾稼 古音古考

稼字詩凡二見竝同後人混入四十禡韻 黍稷重穋禾麻菽麥

穋麥二字非韻李因篤曰二句不入韻以下句夫字爲韻與圃稼協 嗟我農夫 十一模

我稼既同 一東 上入執宮功 一東 晝

爾于茅宵爾索綯 六豪 亟其乘屋

一屋 其始播百穀 一屋此章以平上通爲一韻

二之日鑿冰沖沖一東三之日納于凌陰二十一侵　侵韻字與東同用者三見此章之陰蕩首章之諶雲漢二章之臨易四見屯比恒象傳之禽渙艮象傳之心若此者蓋出於方音耳　宋吳棫韻補陰於容切引太玄經曰飛懸陰萬物融融一東四之日其蚤三十二皓獻羔祭韭四十四有九月肅霜十陽十月滌場十陽朋酒斯饗三十六養曰殺羔羊十陽躋彼公堂十一唐稱彼兕觥音光萬壽無疆十陽　此章以平上通爲一韻

七月八章章十一句

鴟鴞鴟鴞既取我子六止無毁我室五質一恩二十四痕斯勤二十一殷斯鬻子之閔十六軫斯此章以上入以平上通爲一韻

迨天之未陰雨九麌徹彼桑土十姥綢繆牖戶十姥今女下民或敢侮予九魚八語二韻

予手拮据九魚予所捋荼十一模予所蓄租十一模予口卒瘏十一模曰予未有

室家音姑

予羽譙譙四宵予尾翛翛三蕭予室翹翹四宵風雨所漂搖四宵予維音嘵嘵三蕭

鴟鴞四章章五句

我徂東山慆慆不歸八微顧夢麟曰首章歸字隔二句與下章歸悲衣枚協如生民三章之例次章以下則因首章而以獨韻起調古樂府及唐宋人詩餘長調亦有獨韻起者我來自東一東零雨其濛一東我東曰

歸見上我心西悲六脂制彼裳衣八微

勿士行枚十五灰　蜎蜎者蠋三燭轉音主烝

在桑野神與反　敦彼獨宿亦在車下音戶此章以上入通爲一韻

我徂東山慆慆不歸　我來自東見上

零雨其濛見上　果臝之實五質與室協

亦施于宇九麌　伊威在室五質　蠨蛸

在戶十姥　町畽鹿場十陽　熠燿宵行

戶郎反不可畏八未也伊可懷十四皆也此章以平去通爲一韻

我徂東山慆慆不歸我來自東見上

零雨其濛見上鸛鳴于垤十六屑婦歎于室五質洒埽穹窒五質十六屑二韻我征聿至六至

有敦瓜苦烝在栗薪十七眞

自我不見于今三年一先此章以去入通爲一韻

我徂東山慆慆不歸我來自東

見上零雨其濛見上倉庚于飛八微與歸協熠燿其羽九麌之子于歸見上皇駁其馬音姥親結其縭古音羅後人誤入五支韻九十其儀音俄其新孔嘉九麻其舊如之何七歌　李因篤曰二章以下麟士以爲獨韻起調然二章之實室三章之垤室窒至四章之飛歸皆與上歸字相應是未嘗無韻也

東山四章章十二句

既破我斧又缺我斨十陽周公東

征四國是皇唐十一哀我人斯亦孔之將十陽

既破我斧又缺我錡古音渠禾反後人誤入五支韻周公東征四國是吪八戈哀我人斯亦孔之嘉九麻

既破我斧又缺我銶尤十八周公東征四國是遒尤十八哀我人斯亦孔之休尤十八

破斧三章章六句

伐柯如何（七歌與下何協）匪斧不克（二十五德）取妻如何（見上）匪媒不得（二十五德）

伐柯伐柯其則不遠（二十阮）我遘之子籩豆有踐（二十八獮）

伐柯二章章四句

九罭之魚鱒魴（十陽）我覯之子袞衣繡裳（十陽）

鴻飛遵渚八語公歸無所八語於女
信處八語
鴻飛遵陸一屋公歸不復一屋於女
信宿一屋
是以有袞衣八微兮無以我公歸
八微兮無使我心悲六脂兮
九罭四章一章四句三章
章三句

狼跋其胡（十一模與膚協）載疐其尾（七尾）公孫碩膚（十虞）赤舄几几（五旨）▲狼疐其尾載跋其胡（見上）公孫碩膚（見上）德音不瑕（古音胡考瑕字詩一見左傳二見竝同後人誤入九麻韻）

狼跋二章章四句

豳國七篇二十七章二百三句

詩本音卷之四終

詩本音卷之五

小雅

呦呦鹿鳴十二庚食野之苹十二庚我有嘉賓鼓瑟吹笙十二庚吹笙鼓簧十一唐承筐是將十陽人之好我示我周行戶郎反　苹字從平笙字從生徧考三代秦漢之書凡鳴平生字無入陽唐韻者知此章自吹笙鼓簧以下別爲一韻烈祖之詩亦然自黄耇無疆以下別爲一韻集傳叶音者非

呦呦鹿鳴食野之蒿六豪我有嘉

賓德音孔昭四宵視民不恌三蕭君子是則是傚三十六效我有旨酒嘉賓式燕以敖六豪　此章以平去通爲一韻

呦呦鹿鳴食野之芩二十一侵我有嘉賓鼓瑟鼓琴二十一侵鼓瑟鼓琴見上和樂且湛二十二覃我有旨酒以燕樂嘉賓之心二十一侵

鹿鳴三章章八句

四牡騑騑八微周道倭遲六脂豈不懷歸八微王事靡盬我心傷悲六脂

四牡騑騑見上與歸協嘽嘽駱馬音姥豈不懷歸見上王事靡盬十姥不遑啓處八語

翩翩者鵻載飛載下音戶集于苞栩九麌王事靡盬見上不遑將父九麌

翩翩者鵻載飛載止六止集于苞

杞六止王事靡盬不遑將母滿以反

駕彼四駱載驟駸駸二十一侵豈不懷

歸是用作歌將母來諗四十七寑此章以平上通爲一韻

四牡五章章五句

皇皇者華音敷與夫協于彼原隰二十六緝駪

駪征夫十虞每懷靡及二十六緝

我馬維駒十虞六轡如濡十虞載馳

載驅十虞周爰咨諏十虞

我馬維騏七之六轡如絲七之載馳

載驅周爰咨謀音媒

我馬維駱十九鐸六轡沃若十八藥載馳

載驅周爰咨度十九鐸

我馬維駰十七眞六轡既均十八諄載馳

載驅周爰咨詢十八諄一

皇皇者華五章章四句

常棣之華鄂不韡韡七尾凡今之

人莫如兄弟十一薺

死喪之威八微兄弟孔懷十四皆原隰

裒古音蒲牟反後人混入十九侯韻矣兄弟求十八尤矣

脊令在原二十二元兄弟急難二十五寒二十八翰二韻按

此患難之難而讀爲平聲後周庾信哀江南賦本無情於急難正用此作平聲每有良朋

況也永歎二十五寒二十八翰二韻

兄弟鬩于牆外禦其務春秋左氏傳作侮九麌

毋有良朋烝也無戎考戎字詩凡四見旄丘三章與東同韻出車五章與蟲螽忡韻此章則與務韻常武首章與父祖韻疑古戎字有汝音故又訓爲汝民勞菘高烝民韓奕箋竝云戎猶女也　元熊朋來五經說曰此詩外禦其務當以左傳侮字爲據烝也無戎與常武以修我戎竝當音汝菘高戎有良翰即汝有良翰民勞戎雖小子即汝雖小子可見古者戎汝同音吴氏改務音蒙而不顧左傳引詩之文失之矣

喪亂既平十二庚既安且寧十五青雖有兄弟不如友生十二庚

儐爾籩豆古音田故反考豆字詩凡二見竝同後人混入五十候韻飲酒之飫九御兄弟既具十遇和樂且孺

十遇

妻子好合二十七合如鼓瑟琴二十一侵兄弟

既翕二十六緝和樂且湛二十二覃合與翕琴與湛各以平入相協亦可通爲一韻

宜爾室家音姑樂爾妻帑十一模是究

是圖十一模亶其然乎十一模

常棣八章章四句

伐木丁丁十三耕鳥鳴嚶嚶十三耕出自

幽谷（一屋）遷于喬木（一屋）嚶其鳴（十二庚）
矣求其友聲（十四清）相彼鳥矣猶求
友聲（見上）矧伊人矣不求友生（十二庚）
神之聽（十五青）之終和且平（十二庚）
伐木許許（十姥）釃酒有藇（八語）既有
肥羜（八語）以速諸父（九麌）寧適不來
微我弗顧（十一暮）於粲洒埽（三十二晧）陳饋
八簋（音九）既有肥牡（莫九反）以速諸舅

四十四有寧適不來微我有咎四十四有此章以上去通爲一韻

伐木于阪二十阮釃酒有衍二十八獮籩豆
有踐二十八獮兄弟無遠二十阮民之失德
乾餱以愆二仙有酒湑八語我無酒
酤十一模我坎坎鼓十姥我蹲蹲舞九麌
我迨我暇古音豫考暇字詩凡三見並同後人混入四十禡韻矣飲此
湑見上矣此章以平上以平上去通爲一韻

伐木三章章十二句

天保定爾亦孔之固十一暮俾爾單厚古音戶考厚字詩凡三見楚辭一見竝同後人誤分四十五厚韻何福不除九魚九御二韻俾爾多益以莫不庶九御此章以上去通爲一韻

天保定爾俾爾戩穀一屋罄無不宜受天百祿一屋降爾遐福維日不足三燭福字不入韻

天保定爾以莫不興十六蒸如山如阜如岡如陵十六蒸如川之方至以莫不增十七登

吉蠲為饎是用孝享三十六養禴祠烝嘗十陽于公先王十陽君曰卜爾萬壽無疆十陽此章以平上通為一韻

神之弔矣詒爾多福古音方墨反考福字詩凡十六見書二見易五見儀禮二見禮記二見考工記一見竝同後人誤入一屋韻民之質矣日

用飲食（二十四職）羣黎百姓徧爲爾德（二十五德）

如月之恆（十七登）如日之升（十六蒸）如南山之壽（四十四有四十九宥二韻與茂協）不騫不崩（十七登）如松柏之茂（音耄）無不爾或承（十六蒸）

天保六章章六句

采薇（八微與歸協）采薇（見上）薇亦作（十一暮十九鐸二韻）止曰歸（八微）曰歸（見上）歲亦莫（十一暮十九鐸二韻）

按作莫與下文二故字爲韻則竝當從去聲　止　靡室靡家音姑與居協　玁狁之故十一暮　不遑啟居九魚　玁狁之故見上　家居二字自爲韻亦可通上下爲一韻

采薇見上　采薇見上　薇亦柔十八尤　止　曰歸見上　曰歸見上　心亦憂十八尤　止　憂心烈烈十七薛　載飢載渴十二曷　我戍未定四十六徑　靡使歸聘四十五勁

采薇見上　采薇見上　薇亦剛十一唐　止　曰

歸見上曰歸見上歲亦陽十陽止王事靡盬十姥不遑啟處八語憂心孔疚古音几考疚字詩凡五見竝同後人混入四十九宥韻我行不來十六咍此章以平上通爲一韻

彼爾維何七歌與下何協維常之華音敷彼路斯何見上君子之車九魚戎車既駕四牡業業三十三業豈敢定居一月三捷二十九葉

駕彼四牡，四牡騤騤六脂。君子所依八微，小人所腓八微。四牡翼翼二十四職，象弭魚服蒲北反。豈不日戒十六怪。按戒字古有入音，常武首章與國語、易震象傳與得韻，竝音紀力反。楚辭九章惜往日亦與得韻。玁狁孔棘二十四職。此章以去入通爲一韻。

昔我往矣，楊柳依依八微。今我來思，雨雪霏霏八微。行道遲遲六脂，載渴載飢六脂。我心傷悲六脂，莫知我

哀 十六咍

采薇六章章八句

我出我車于彼牧 古音墨考牧字詩一見易一見楚辭一見並同後人誤入一屋韻轉音枚 矣自天子所謂我來 十六咍 矣召彼僕夫謂之載 十九代轉音哉 矣王事多難維其棘 二十四職音紀其反轉 矣 此章以平去入通爲一韻

我出我車于彼郊 五肴 矣設此旐

三十小 矣建彼旄 六豪 矣彼旟旐斯胡
不旆旆 十四泰一 憂心悄悄 三十小一 僕夫況
瘁 六至此章以平上通爲一韻
王命南仲往城于方 十陽 出車彭
彭 音旁 旂旐央央 十陽 天子命我城
彼朔方 見上 赫赫南仲玁狁于襄
十陽
昔我往矣黍稷方華 音敷 今我來

思雨雪載塗十一模王事多難不遑
啟居九魚豈不懷歸畏此簡書九魚
喓喓草蟲一東趯趯阜螽一東未見
君子六止與下子協憂心忡忡一東既見君
子見上我心則降戶工反赫赫南仲一送
薄伐西戎一東此章以平去通爲一韻
春日遲遲六脂卉木萋萋十二齊倉庚
喈喈十四皆采蘩祁祁六脂執訊獲醜

薄言還歸八微赫赫南仲玁狁于夷六脂

出車六章章八句

有杕之杜十姥與盬協有睆其實五質王事靡盬十姥繼嗣我日五質日月陽十陽止女心傷十陽止征夫遑十一唐止

有杕之杜見上其葉萋萋十二齊王事靡盬見上我心傷悲六脂卉木萋見上

止女心悲見上止征夫歸八微止
陟彼北山言采其杞六止王事靡
盬憂我父母滿以厂一檀車幝幝二十八銑四
牡痯痯二十四緩征夫不遠二十阮
匪載匪來十六咍憂心孔疚音几期逝
不至六至而多爲恤六術卜筮偕十四皆
止會言近古音記彼高箋曰近辭也聲如彼記之子之記古近字多與幾同後人誤入十九隱
二十四焮止征夫邇四紙止此章以平上去入通爲一韻

杕杜四章章七句

南陔

鹿鳴之什十篇一篇無辭凡四十六章二百九十七句

白華

華黍

魚麗于罶四十四有與酒協鱨鯊九麻君子有

酒四十四有旨且多七歌

魚麗于罶見上魴鱧十一薺君子有酒見上多且旨五旨

魚麗于罶見上鰋鯉六止君子有酒見上旨且有音以[illegible]

物其多見上矣維其嘉九麻矣

物其旨見上矣維其偕十四皆矣此章以平上通爲一韻

物其有見上矣維其時七之矣此章以平上通爲一韻

魚麗六章三章章四句三章章二句

由庚

南有嘉魚烝然罩罩三十六效君子有酒嘉賓式燕以樂三十六效

南有嘉魚烝然汕汕三十諫君子有酒嘉賓式燕以衎二十八翰

南有樛木甘瓠纍（六脂）之君子有酒嘉賓式燕綏（六脂）之

翩翩者鵻（六脂）烝然來（十六咍）思君子有酒嘉賓式燕又（古音肆考又字詩凡四見並同後人混入四十九宥韻）思（此章以平去通爲一韻）

南有嘉魚四章章四句

崇丘

南山有臺（十六咍）北山有萊（十六咍）樂只

君子（六止與下子協）邦家之基（七之）樂只君子（見上）萬壽無期（七之 此章亦可以平上通爲一韻）

南山有桑（十一唐）北山有楊（十陽）樂只君子（見上）邦家之光（十一唐）樂只君子（見上）萬壽無疆（十陽）

南山有杞（六止）北山有李（六止）樂只君子（見上）民之父母（滿以反）樂只君子（見上）德音不已（六止）

南山有栲三十二晧北山有杻四十四有樂只君子見上遐不眉壽四十四有四十九宥二韻樂只君子見上德音是茂音耄

南山有枸九麌北山有楰九麌樂只君子見上遐不黃耇古音矩考耇字詩凡二見竝同後人混入四十五厚韻樂只君子見上保艾爾後音戶

南山有臺五章章六句

由儀

蓼彼蕭斯零露湑八語兮既見君子我心寫古音湑考寫字詩凡三見並同後人混入三十五馬韻兮燕笑語八語兮是以有譽處八語兮

蓼彼蕭斯零露瀼瀼十陽三十六養二韻既見君子爲龍爲光十一唐其德不爽三十六養壽考不忘十陽此章以平上通爲一韻

蓼彼蕭斯零露泥泥十一薺既見君子六止孔燕豈弟十一薺十二齊二韻宜兄宜弟

見上

令德壽豈十五海

蓼彼蕭斯零露濃濃三鍾旣見君子鞗革沖沖一東和鸞雝雝三鍾萬福攸同一東

蓼蕭四章章六句

湛湛露斯五支匪陽不晞八微厭厭夜飲不醉無歸八微

湛湛露斯在彼豐草三十二晧厭厭夜

飲在宗載考三十二皓
湛湛露斯在彼杞棘二十四職顯允君
子莫不令德二十五德
其桐其椅古音於戈反後人誤入五支韻其實離離音羅
豈弟君子莫不令儀音俄
湛露四章章四句
白華之什十篇五篇無
辭凡二十三章百四句

彤弓弨兮受言藏（十一唐）之我有嘉賓中心貺（四十一漾）之鐘鼓既設一朝饗（三十六養）之（此章以平上去通爲一韻）

彤弓弨兮受言載（十九代）之我有嘉賓中心喜（六止）之鐘鼓既設一朝右（音以）之（此章以上去通爲一韻）

彤弓弨（四宵）兮受言櫜（六豪）之我有嘉賓中心好（三十七号）之鐘鼓既設一

朝隮十八尤之此章以平去通為一韻

彤弓三章章六句

菁菁者莪七歌在彼中阿七歌既見君子樂且有儀音俄

菁菁者莪在彼中沚六止既見君子六止我心則喜六止

菁菁者莪在彼中陵十六蒸既見君子錫我百朋十七登

汎汎楊舟十八尤載沈載浮十八尤旣見君子我心則休十八尤

菁菁者莪四章章四句

六月棲棲十二齊與騤協戎車旣飭二十四職四牡騤騤六脂載是常服蒲北反玁狁孔熾我是用急二十六緝急字非韻鹽鐵論引此作我是用戒當從之說見采薇王于出征以匡王國二十五德此章亦可通爲一韻

比物四驪閑之維則二十五德維此六

月旣成我服蒲北反我服旣成十四清與征協于三十里六止王于出征十四清以佐天子六止此章亦可以上入通爲一韻

四牡修廣其大有顒三鍾薄伐玁狁以奏膚公一東有嚴有翼二十四職共武之服蒲北反共武之服見上以定王國二十五德

玁狁匪茹八語整居焦穫十一暮侵鎬

及方（十陽）至于涇陽（十陽）織文鳥章（十陽）白斾央央（十陽）元戎十乘以先啟行（戶郎反此章以上去通爲一韻）

戎車既安（二十五寒）如輊如軒（二十二元）四牡既佶既佶且閑（二十八山）薄伐玁狁至于大原（二十二元）文武吉甫萬邦爲憲（二十五願此章以平去通爲一韻）

吉甫燕喜（六止）既多受祉（六止）來歸

自鎬我行永久（音几）飲御諸友（音以）炰鱉膾鯉（六止）侯誰在矣（六止）張仲孝友（見上）

六月六章章八句

薄言采芑（六止）于彼新田（一先與千協）于此菑畝（滿以反）方叔涖止（六止）其車三千（一先）師干之試（七志）方叔率止（見上）乘其四騏四騏翼翼（二十四職）路車有

奭二十四職簟茀魚服蒲北反鉤膺鞗革音棘此章以上去通爲一韻亦可通下文入聲爲一韻

薄言采芑見上于彼新田見上于此中鄉十陽與央衡瑲皇珩協方叔涖止見上其車三千見上旂旐央央十陽方叔率止見上約軧錯衡古音戶郎反考衡字詩凡五見竝同後人混入十二庚韻八鸞瑲瑲十陽服其命服朱芾斯皇十一唐有瑲葱珩古音戶郎反後人混入十二庚韻

鴥彼飛隼古音之水反考隼字詩凡二見竝同與止協後人誤入十七準韻其飛戾天一先與千協亦集爰止六止方叔涖止見上其車三千見上師干之試見上方叔率止見上鉦人伐鼓十姥陳師鞠旅八語顯允方叔伐鼓淵淵一先振旅闐闐一先

蠢爾蠻荊大邦爲讎十八尤方叔元老三十二晧克壯其猶十八尤方叔率止執

訊獲醜四十四有戎車嘽嘽二十五寒嘽嘽焞

焞二十三魂釋文焞吐雷反又他屯反本又作啍按漢書韋玄成傳引此作焞焞推推顏師古讀吐雷反後人遂并焞字讀爲吐雷反梁簡文帝金錞賦拌秦箏之慷慨伐晉鼓之嘽啍與諧才徊杯來爲韻則从口作啍亦音吐雷反今按嘽焞自爲一韻靁威自爲一韻未嘗不可何必改經文以就史傳況从火之焞見於左傳僖五年从口之啍見於大車並音他屯反不當讀爲吐雷反也如霆如靁十五灰顯允方叔征

伐玁狁蠻荆來威八微此章以平上通爲一韻

、采芑四章章十二句

我車既攻一東我馬既同一東四牡

龐龐古音龍後八分四江韻駕言徂東一東田車既好三十二晧四牡孔阜四十四有東有甫草三十二晧駕言行狩四十九宥此章以上去通爲一韻之子于苗四宵選徒嚻嚻四宵六豪建旐設旄六豪搏獸于敖六豪駕彼四牡四牡奕奕二十二昔赤芾金舄二十二昔會同有繹二十二昔決拾既佽六至與柴協弓矢既調三蕭射

夫既同一東　調字非韻宋吳棫韻補讀調爲同引楚辭離騷勉陞降以上下兮求榘矱之所同湯禹嚴而求合兮摯咎繇而能調爲證朱子從之

助我舉柴　說文作𢱭漢張衡西京賦收禽舉胔从肉作胔　五寘　此章首尾爲一韻中二句爲一韻楚詩之變體周頌思文后稷克配彼天立我烝民莫匪爾極稷與極爲韻天與民爲韻儀禮士昏禮往迎爾相承我宗事勗帥以敬先妣之嗣若則有常相與常爲韻事與嗣爲韻楚辭天問撰體九首儵忽焉在何所不死長人何守首與守爲韻在與死爲韻宋玉風賦被麗披離衝孔動楗眴煥粲爛離散轉移離與移爲韻楗與爛爲韻漢安世房中歌安其所樂終產樂終產世繼緒所與緒爲韻二產爲韻皆同此例　或疑中二句無韻但以佽柴爲韻

四黃既駕四十禡　兩驂不猗於戈反　不失

其馳古音陀考馳字詩凡二見楚辭二見並同後人誤入五支韻舍矢如破

三十九過此章以平去通爲一韻

蕭蕭馬鳴十二庚悠悠旆旌十四清徒御不驚十二庚大庖不盈十四清

之子于征十四清有聞無聲十四清允矣君子展也大成十四清

車攻八章章四句

吉日維戊古音茂後人誤入五十候韻既伯既禱三十一晧

田車既好(三十二晧)四牡孔阜(四十四有)升彼大阜(見上)從其羣醜(四十四有此章以上去通爲一韻)

吉日庚午(十姥)既差我馬(音姥)獸之所同(一東與從協)麀鹿麌麌(九麌)漆沮之從(三鍾)天子之所(八語)

瞻彼中原其祁孔有(音以)儦儦俟俟(六止)或羣或友(音以)悉率左右(音以)以燕天子(六止)

既張我弓既挾我矢五旨發彼小豝殪此大兕五旨以御賓客且以酌醴十一薺

吉日四章章六句

鴻鴈于飛肅肅其羽九麌之子于征劬勞于野神與反爰及矜人哀此鰥寡古音古考寡字詩凡三見易一見並同後人混入三十五馬韻

鴻鴈于飛集于中澤二十陌之子于

垣百堵皆作十九鐸雖則劬勞其究
安宅二十陌鴻鴈于飛哀鳴嗸嗸六豪維此哲
人十七真與下人協謂我劬勞六豪維彼愚人
見上謂我宣驕四宵
鴻鴈三章章六句
夜如何其夜未央十陽庭燎之光
十一唐君子至止鸞聲將將十陽

夜如何其夜未艾（十四泰）庭燎晣晣

（十二齊）君子至止鸞聲噦噦（十四泰）

夜如何其夜鄉晨（十七眞）庭燎有煇

（二十三魂）君子至止言觀其旂（古音芹考旂字詩凡三見左傳一見竝同後人誤入八微韻）

庭燎三章章五句

沔彼流水（五旨）朝宗于海（十五海）鴥彼

飛隼（之水反）載飛載止（六止）嗟我兄弟

十一薺

邦人諸友音以莫肯念亂誰無父母以滿反沔彼流水見上與隼協其流湯湯十陽鴥彼飛隼見上載飛載揚十陽念彼不蹟載起載行戶郎反心之憂矣不可弭忘十陽

鴥彼飛隼率彼中陵十六蒸民之訛言寧莫之懲十六蒸我友敬矣讒言

其興十六蒸

沔水三章二章章八句一章六句

鶴鳴于九皋聲聞于野神與反魚潛在淵或在于渚八語樂彼之園二十二元爰有樹檀二十五寒其下維蘀十九鐸他山之石二十二昔可以爲錯十九鐸

鶴鳴于九皋聲聞于天一先魚在

于渚或潛在淵一先樂彼之園見上爰有樹檀見上其下維穀一屋他山之石可以攻玉三燭

鶴鳴二章章九句

彤弓之什十篇四十章二百五十九句